Autogenes Training

Dr. Peter Kruse

Autogenes Training

FALKEN
TaschenBuch Basis

Im FALKEN Verlag sind weitere Bücher zur Entspannung erschienen.
Sie sind überall dort erhältlich, wo es Bücher gibt.

Der Text dieses Buches entspricht den Regeln der neuen deutschen Rechtschreibung.

Dieses Buch wurde auf chlorfrei gebleichtem
und säurefreiem Papier gedruckt.

Gekürzte und überarbeitete Fassung des Titels „Autogenes Training“ (Nr. 1278)

Originalausgabe
ISBN 3 635 60484 4

Umschlaggestaltung: Rincón² Design & Produktion, Köln
Gestaltung: Lohse-Design, Büttelborn
Redaktion: Sabine Weeke
Herstellung: Torsten Hellbusch
Titelbild: Tony Stone, München/Jed Share
Foto: FALKEN Archiv/Wolfgang Zöltsch
Satz: FALKEN Verlag, Niedernhausen/Ts.
Druck: Freiburger Graphische Betriebe GmbH, Freiburg

012780492X817 2635 4453 6271

Inhaltsverzeichnis

Vorwort 6

Einleitung 7

Ent-Spannung 10
Körperzustände 11
Der Tag-Nacht-Rhythmus 11
Die Autonomie 12
Die Leistung 13
Die Erholung 16
Sichtweisen 19
Psychosomatik 20

Autogenes Training 23
Die Grundprinzipien 24
Die Körperwahrnehmung 24
Der Umweg über Vorstellungen 27
Die Rahmenbedingungen 29
Die Körperhaltung 30
Die Umgebung 32
Die Lernschritte 33
Die Formeln und Bilder 33
Das Zurücknehmen 34
Die Grundübungen 35
Schwereübung (1. Woche) 36
Wärmeübung (2. Woche) 39
Atemübung (3. Woche) 42
Herzübung (4. Woche) 46
Leibübung (5. Woche) 50
Stirnübung (6. Woche) 52

Erweiterungen 57
Einstiegserleichterungen 57
Die Kurzform der Übungen 58
Die Innenwendung 59
Übungstext 1 61
Übungstext 2 64

Lösungswege 70
Zustandsbilder und Kraftquellen 72
Umdeutungen 75
Leitsätze 77

Vorwort

Dieser Ratgeber ist aufgebaut wie ein Kurs. Beginnend mit allgemeinen Überlegungen zur Gesundheitsförderung wird ein Programm vorgestellt, das anregt neue Wege zur Steigerung des eigenen Wohlbefindens im Alltag zu erkunden oder bereits bekannte Wege dorthin bewusst wieder zu entdecken. Anhand von Geschichten, Versuchen und Übungen werden die beschriebenen Vorgehensweisen erfahrbar. Den Kern bildet die Vermittlung der Grundstufe des autogenen Trainings nach J. H. Schultz. Der Ratgeber eignet sich aber auch als Begleitinformation für die Teilnehmer eines Grundstufenkurses zum autogenen Training. Das Buch versteht sich in erster Linie als Sammlung praktischer Anregungen. Hintergrundinformationen dienen der Veranschaulichung und dem Verständnis der praktischen Übungsvorschläge. Dem Aufbau des Ratgebers entsprechend, bietet es sich an, beim Lesen in der Reihenfolge der Kapitel vorzugehen. Wie bei der Entdeckung einer Landschaft eröffnen sich Ihnen dabei nach und nach immer andere Blickwinkel, Standpunkte sind zu beziehen, hier und da gewinnen die Dinge vielleicht einen anderen Klang. Seien Sie neu-gierig.

Dr. Peter Kruse

Einleitung

„Willst Du ein Schiff bauen, so rufe nicht die Menschen zusammen, um Pläne zu machen, Arbeit zu verteilen, Werkzeuge zu holen und Holz zu schlagen, sondern lehre sie die Sehnsucht nach dem großen, weiten Meer."

Antoine de Saint-Exupéry

Das wissenschaftliche Weltverständnis, das das westliche Denken prägt, hat sich ohne Zweifel als brauchbar und erfolgreich erwiesen.

Auch wenn die Grenzen des Machbaren oder des Vertretbaren sich immer deutlicher zeigen, so sind die Möglichkeiten menschlicher Einflussnahme auf die Gestaltung natürlicher und kultureller Gegebenheiten doch beeindruckend. Sogar Reisen in den erdnahen Weltraum oder gentechnologische Eingriffe in den Bauplan des Lebens sind für uns inzwischen nahezu selbstverständliche Bestandteile unserer Wirklichkeit geworden.

In seltsamem Gegensatz zu der Erkenntnisflut, die die Wissenschaft hervorgebracht hat und unablässig weiter erzeugt, steht die eher bescheidene Zahl von Antworten auf Fragen, die jeden von uns weit unmittelbarer betreffen als manch anspruchsvolles Forschungsvorhaben. Was sind die Bedingungen persönlich empfundenen Glücks? Welche Wege führen zu Zufriedenheit, innerer Ruhe und Selbstentfaltung? Was sind die Voraussetzungen für ganzheitliche Gesundheit und wie kann sie allgemein gefördert werden? Die Antworten auf Fragen dieser Art sind oft so alt wie die menschliche Kultur und auf den ersten Blick zumeist wenig spektakulär. Werden diese aus der Erfahrung entsprungenen unscheinbaren Antworten jedoch im alltäglichen Handeln umgesetzt, entfalten sie eine große positive Kraft.

Ziel dieses Buches ist es Wege zum Wohlbefinden aufzuzeigen und direkt umsetzbare Anregungen für eine gesunde und persönlich förderliche Lebenspraxis zu geben. Die bekannte Entspannungsmethode des autogenen Trainings stellt für dieses Vorhaben einen wichtigen Bestandteil dar. Nun ist ja bereits eine Vielzahl von Büchern zum Beispiel über den Einsatz von Entspannungsmethoden zur Bewältigung von Stresssituationen veröffentlicht worden und dem Interessierten bietet sich eine Fülle von fachkundigen Angeboten in diesem Bereich. Warum also noch ein Ratgeber? Stellen wir uns die Begegnung zweier einander bekannter Personen vor, zum Beispiel auf der Straße oder im Geschäft beim Einkaufen. Ausgehend von der Frage nach der allgemeinen Befindlichkeit („Wie geht's denn?") steigen die beiden Bekannten rasch und mit sicheren Worten des eingeübten Gesprächs in eine ausführliche Beschreibung ihrer Krankheitsgeschichte, der allgemein sich verschlechternden Lebensbedingungen oder der gerade die Zeitung beherrschenden Katastrophen ein.

Probleme sind offensichtlich ein nahezu unerschöpflicher Themenbereich von großem Unterhaltungswert. Die Darstellung des Mangels, des Verlustes oder der Störung scheint leichter zu fallen als die Beschreibung der Freude am Genießen und Gelingen oder als das Sichausmalen möglicher Lösungswege. Woraus entspringt diese problembezogene Grundhaltung des Denkens? Sind es unbewusste Glaubenssätze, wie sie in manchen Sprichwörtern zum Ausdruck kommen? Ist es die Angst für oberflächlich gehalten zu werden, wenn man allzu schnell und eindeutig den Blick auf das Positive lenkt? Oder steckt dahinter einfach die Attraktivität des Gewohnten? Bei dieser Sichtweise treten vorhandene Lösungen oft in den Hintergrund.

Die Medizin beschäftigt sich immer noch mehr mit der Erforschung und der Heilung von Krankheiten als mit den Bedingungen und der Erhaltung von Gesundheit. Die Psychologie ergeht sich häufig ausgiebiger in tiefen Problemanalysen, als Anregungen für Glücksempfinden und Entwicklung zu sammeln und weiterzugeben. In vielen Ratgebern für gesunde Lebensführung wird häufig auf erbliche Risikofaktoren, mangelnde Bewegung, falsche Ernährung oder Stressbelastung hingewiesen. Motivation

wird beim Betroffenen über den drohenden Zusammenbruch aufgebaut. Diese Sichtweise fordert dazu auf, sich im Bewusstsein bestehender Schwierigkeiten den eigenen Fehlern zu stellen. Lösungen werden zu Formen der Bewältigung und Vermeidung des Negativen. Die Richtung des Handelns ergibt sich aus der Abwendung krankmachender Bedingungen sowie aus der Behandlung von Krankheit und nicht aus der Hinwendung zur Gesundheit.
Folgt man dagegen der Idee des französischen Fliegers und Schriftstellers Antoine de Saint-Exupéry (siehe Zitat auf Seite 7), so wird die Vorstellung des zu erreichenden Zieles zum Ausgangspunkt der Veränderung. Die Annahme, dass die unser Handeln formende Kraft mehr aus der lebhaften Zielvorstellung entspringt, steht in Übereinstimmung mit psychologischen Erkenntnissen. Dabei geht es keineswegs darum, Probleme durch Verdrängung zu überspielen statt zu lösen. Doch es wird davon ausgegangen, dass die Beschäftigung mit Lösungen eine andere Motivation und Kraftentfaltung erzeugt. Die Aufmerksamkeit wird von einem „weg von" auf ein „hin zu" gerichtet.

Anhand von Überlegungen und Übungen aus den unterschiedlichsten Bereichen der Psychosomatik und der Psychologie laden wir Sie mit diesem Ratgeber dazu ein, Ihre Beweglichkeit und Freude bei der Entdeckung der Fülle möglicher Wege, Ansichten und Aussichten im Umgang mit sich selbst, dem eigenen Körper und den Lebensbedingungen zu erhalten und zu vergrößern.
Wenn die Möglichkeit besteht, sollten Sie außerdem an einem angeleiteten Kurs zum autogenen Training, zum Beispiel in der Erwachsenenbildung, bei Ärzten und Psychologen teilnehmen.
Ziel des Ratgebers ist es Wege zum Wohlbefinden zu benennen und Anregungen für eine gesunde und persönlich förderliche Lebenspraxis zu geben. Es soll dabei weniger um Darlegungen vielleicht bestehender Probleme, als vielmehr um den Vorschlag von Lösungen gehen. Die eigenaktiven Möglichkeiten zur Unterstützung der Gesundheit stehen im Mittelpunkt.
Ein wesentlicher Teil des darzustellenden Vorgehens ist die Entspannungsmethode des autogenen Trainings. Die Freude am eigenen Tun steht dabei im Vordergrund.

Ent-Spannung

„Mein Körper ist derjenige Teil der Welt, den meine Gedanken verändern können."
Georg Christoph Lichtenberg

Gesundheit entsteht aus dem harmonischen Gleichgewicht der Lebensvorgänge, aus dem Gleichgewicht von Anspannung und Entspannung, Leistung und Erholung, Bewegung und Ruhe. Weder Anspannung noch Entspannung ist für sich genommen ein erstrebenswerter Zustand. Dauerhafte Leistungsanforderungen führen zu Schädigungen und dauerhafte Ruhe ist weder sinnvoll noch erträglich. Im Alltagsverständnis von Stress und Erholung spiegelt sich diese Doppeldeutigkeit wieder. Wir reden von aufregenden Situationen, in die wir uns gerne begeben. Nichtstun ist stressig und Horrorfilme sind entspannend; Ruhe macht einen völlig fertig und eine Runde Tischtennis dient der Erholung. Problemlos stellen wir die Behauptung auf, dass eine Tasse Kaffee und eine Zigarette immer noch die beste Entspannung sind. Erholung meint offenkundig den Ausgleich zwischen Anspannung und Entspannung. Menschen, die zum Beispiel im Kraftwerk die automatischen Anlagen überwachen, klagen oft über ihre berufliche Situation und laufen Gefahr krank zu werden, weil den ganzen Tag über wenig geschieht; Menschen, die beispielsweise als Fluglotsen tätig sind, klagen ebenfalls über ihre berufliche Situation und laufen Gefahr krank zu werden, weil viel geschieht. Sind wir unterfordert, suchen wir Anregung und sind wir überfordert, suchen wir Ruhe. Auf der Erlebnisseite kann demnach Erholung in Abhängigkeit von der jeweiligen Lebenssituation sowohl Ruhe als auch Aktivität bedeuten. Wenn im Folgenden von Entspannung und Anspannung die Rede sein wird, ist jedoch nicht die persönliche Einschätzung gemeint. Vielmehr sollen Entspannung und Anspannung als genau beschreibbare, eindeutige körperliche Zustände verstanden werden.

Körperzustände

Die anschließende Darstellung der Körperzustände von Entspannung und Anspannung bezieht sich weitgehend auf Tatsachen, die aus der Erfahrung bekannt sind. Spezielle Kenntnisse werden dabei nicht vorausgesetzt. Wir versuchen die körperlichen Geschehnisse nachvollziehbar zu machen, denn das Verständnis der Zusammenhänge dient sowohl dem Einblick in die Grundprinzipien von Entspannungsmethoden allgemein als auch der Einordnung eigener Beobachtungen beim Erlernen des autogenen Trainings.

Der Tag-Nacht-Rhythmus

Im Alltagsleben ist unsere Aufmerksamkeit in erster Linie nach außen gerichtet, damit wir uns in den Anforderungen der Umwelt zurechtfinden. Ein eindrückliches Beispiel ist der Straßenverkehr; hier präsentieren sich die Konsequenzen einer Unaufmerksamkeit deutlich. Auf die ständige Anpassung der innerkörperlichen Geschehnisse – Herzschlag, Atmung, Nährstoffumsetzung usw. – brauchen wir in der Regel nicht zu achten. Die Folgen zum Beispiel eines plötzlichen Blutdruckabfalles müssen wir uns nicht dauernd vergegenwärtigen und ihm entgegenwirken. Die Einstellung innerkörperlicher Gegebenheiten auf wechselnde Außenbedingungen läuft vielmehr automatisch ab. Dies gilt für Frieren und Schwitzen bei Temperaturveränderungen ebenso wie für Wachen und Schlafen im Wechsel von Tag und Nacht.

Die Anpassung an streng regelmäßig wiederkehrende Veränderungen in unserer Umwelt wird uns vielleicht sogar am wenigsten bewusst, sie stellt jedoch eine zentrale, entwicklungsgeschichtlich alte Fähigkeit unseres Körpers dar. Der Wechsel zwischen Leistungs- und Erholungsphasen im Rhythmus von Wachen und Schlafen ist ein Teil der inneren Selbststeuerung des Körpers. Auch in vom Außenlicht abgeschlossenen Räumen behalten Menschen den Tag-Nacht-Rhythmus mit nur geringen Abweichungen bei. Der Rhythmus von Wachen und

Schlafen ist demnach nicht eine Reaktion auf den äußeren Wechsel von Tag und Nacht, sondern vielmehr eine innere Vorwegnahme. Die Einstellung des Körpers erfolgt bereits, noch bevor die zu erwartende Änderung in der Außenwelt einen Einfluss auf ihn nimmt. Die Anpassung ist auf vorausschauende Art optimal. Zwingen wir den Körper allerdings in Umgebungsbedingungen, die dieser Anpassung nicht entsprechen, wie bei Schichtarbeit, so spüren wir den Umstellungsaufwand, den der Körper leisten muss. Im Falle des Fliegens führt dies zum „Jetlag“, einem Gefühl von unangemessener Müdigkeit und im Falle der Schichtarbeit nicht selten zu Schlafstörungen bis hin zu ernsten körperlichen Schädigungen. Wie auch immer die Umgebungsbedingungen gestaltet sind, der Körper versucht im großen Zeitrahmen von Schlafen und Wachen wie im kleinen Zeitrahmen von Anspannung und Entspannung ein günstiges Gleichgewicht zu erhalten. Die Zustände von Leistungsbereitschaft und körperlicher Erholung begrenzen und ermöglichen einander wie der Wechsel von Tag und Nacht.

Die Autonomie

Der Leistungszustand, der Erholungszustand und die ganze Regelung der inneren, vegetativen Körpervorgänge werden von einem Teil des Nervensystems bestimmt, der als vom Willen unabhängig empfunden wird. Entsprechend bezeichnet man diesen Teil des Nervensystems als autonom (griechisch „autonómos“ bedeutet nach eigenen Gesetzen lebend) oder vegetativ. In ihm werden die Zustandsmeldungen aus dem Körperinneren und aus anderen Teilen des Nervensystems ohne die unmittelbare Mitwirkung des Bewusstseins zusammengefasst und in neue Aktivitäten umgeformt.

Das autonome Nervensystem ermöglicht gewissermaßen die Selbstbeeinflussung und Selbstlenkung des Körpers mit dem Ziel, das Gleichgewicht der inneren Zustände im Spannungsfeld von Anspannung und Entspannung herzustellen oder zu erhalten.

Eine Anpassung an die Anforderungen der Umwelt findet darüber hinaus indirekt über bereits von anderen Teilen des Nervensystems vorverarbeitete Sinneseindrücke, etwa als Gemütsbewegun-

gen statt. Eine gefährliche Situation macht wachsam. Die Körperveränderungen, die zur Wachsamkeit gehören, vollziehen sich ganz von allein.
Die Autonomie des vegetativen, unwillkürlichen Nervensystems stellt eine für die Lebens- und Überlebensfähigkeit wesentliche Entlastung des Bewusstseins dar. Der Körper wird im Regelfall „automatisch" den Erfordernissen der Umwelt angepasst, ohne dass das Ergebnis zeitaufwendiger willentlicher Entscheidungsvorgänge abgewartet werden muss. Die Vielfältigkeit innerkörperlicher Geschehnisse würde außerdem das Denken völlig überfordern und uns handlungsunfähig machen, sollten alle diese Regulationsmechanismen bewusst beeinflusst werden.
In einem einfachen Vergleich lässt sich die entlastende Wirkung automatisierter Vorgänge am Beispiel des Autofahrens nachvollziehen. Beim geübten Fahrer unterliegt die Bedienung der Kupplung, des Gaspedals und die Wahl des jeweiligen Ganges nicht mehr unmittelbar dem Bewusstsein. Es entstehen Freiräume für Entscheidungsprozesse auf anderen Ebenen. Ein geübter Fahrer kann gleichzeitig einen unbekannten Weg suchen oder sich während der Fahrt unterhalten. Bei diesem Beispiel handelt es sich allerdings um eine Automatisierung von Handlungsabläufen über Lernen. Die Autonomie der Einstellung der innerkörperlichen Vorgänge ist jedoch nicht das Ergebnis eines Lernvorganges, sondern eine überlebensnotwendige entwicklungsgeschichtliche Anpassung an die Erfordernisse der Umwelt.

Die Leistung

Der klarste Fall des Leistungszustandes sind die Flucht- und die Angriffssituation, in denen kurzfristig größte Kraftreserven freigesetzt und bereitgestellt werden müssen, um optimal aufeinander abgestimmte Bewegungsabläufe zu gewährleisten. Die dazu erforderlichen Einstellungen des Körpers werden größtenteils von einer Untereinheit des autonomen Nervensystems hervorgerufen und geordnet, die man als Sympathikus (Leistungssystem) bezeichnet. Zahlreiche Wirkungen des Leistungssystems sind unmittelbar zu erleben, andere hingegen bleiben völlig unbemerkt. Die Freisetzung

von Energiereserven aus dem Speicher der Leber oder des Fettgewebes zum Beispiel entzieht sich im gesunden Zustand der menschlichen Wahrnehmung. Nur über entsprechende Messverfahren kann man diese Mobilisierung aufzeigen.
Demgegenüber wird die Bereitstellung der Energiereserven und deren Ergebnis, etwa die Umsetzung in (Muskel-)Arbeit und Wärme, unmittelbar erlebt. Die in der Folge auftretende Schärfung der Sinne und des Bewusstseins ist für sich bereits ein Bestandteil des Erlebens. Im deutlich ausgeprägten Leistungszustand tritt eine Abkühlung der Finger- und Zehenspitzen bei gleichzeitigem Gefühl von „feuchten Händen" und dem Entstehen einer Gänsehaut auf. Das Herz „klopft" und droht „zum Hals herauszuspringen". Der „Puls rast". Es entwickelt sich ein unbestimmtes „Hitzegefühl". Die Pupillen weiten sich. Man ist „hellwach" und wird geräuschempfindlicher. Auch die Atmung beschleunigt sich und die Grundspannung der Muskulatur ist erhöht. In dieser Situation wird weder Hunger noch Durst erlebt, der Mund ist trocken und es geht das Gefühl für den Leib bis auf einen mitunter verstärkt verspürten Harn- und Stuhldrang verloren.
Die aufgelisteten Wahrnehmungen während des Leistungszustands entstehen durch eine Reihe sinnvoller körperlicher Veränderungen. In der Flucht- oder Angriffssituation und in Leistungssituationen allgemein müssen bestimmte Körperbereiche besser versorgt werden als andere.
Daher erhöht sich die Versorgungsfähigkeit in einigen Teilen des Blutgefäßsystems bei gleichzeitiger Verringerung in anderen, in der Leistungssituation weniger bedeutsamen Regionen.
Die Blutgefäße in der Haut beispielsweise verengen sich und die Durchblutung in Magen und Darm ist herabgesetzt. Die oberflächliche Minderdurchblutung äußert sich auch in der Abkühlung von Finger- und Zehenspitzen. Dagegen steigt die Förderleistung des Herzmuskels, sodass eine verbesserte Durchblutung der Bewegungsmuskulatur möglich ist. Zusammen mit der verringerten Wärmeabgabe durch die Haut verursacht diese Steigerung der Blutstromstärke ein unspezifisches Hitzegefühl, das auch im Kopf spürbar ist.

Die Blutumverteilung als Folge veränderter Gefäßwiderstände und die Steigerung der Förderleistung des Herzens führen in ihrer Summe zu einem Blutdruckanstieg. Er unterstützt noch zusätzlich die Versorgung der den Leistungszustand aufrechterhaltenden Organe.
Über eine Vertiefung und Beschleunigung der Atmung wird auch mehr Sauerstoff in das Blut aufgenommen. Durch das gestiegene Sauerstoffangebot ist die Beschleunigung der Umsetzung von Energieträgern, wie Zucker und Fettsäuren, in Muskelarbeit und Wärme garantiert.
Das Geschehen ist vergleichbar mit einer brennenden Kerze: Auch der Energieträger Wachs kann nur in Anwesenheit von Luftsauerstoff in Licht und Wärme umgesetzt werden. Bei der Atmung wie bei der Kerzenflamme wird dabei Kohlendioxid frei. Der sich so im Blut ergebende Anstieg des Kohlendioxidgehalts und der Abfall des Blutsauerstoffgehalts wirken anregend auf Atemfrequenz und -tiefe zurück. Bei der Atmung beschränkt sich die direkte Wirkung des Sympathikus vor allem auf die Weitstellung der Atemwege.

Das Gefühl feuchter Hände, die Gänsehaut, der Stuhl- oder Harndrang, die erweiterten Pupillen, die Zunahme der Geräuschempfindlichkeit, das Hitzegefühl, der heraufgesetzte Wachheitsgrad und die gesteigerte Muskelgrundspannung sind zum Teil unmittelbare Folgen einer erhöhten Aktivität des Leistungssystems.
Die Sympathikusaktivität greift an Schweißdrüsen, Haarbalgmuskeln, Schließmuskeln, der Pupillenmuskulatur und den die Trommelfellspannung einstellenden Muskeln an. Ziel des Leistungszustandes ist in erster Linie eine Verbesserung des Zusammenspiels einzelner Körperteile und der Kraftentwicklung bei Bewegungsabläufen.
Die Gänsehaut unter Anspannungsbedingungen ist letztlich noch aus der Entwicklungsgeschichte des Menschen heraus zu erklären: Vergleichbar dem aufgestellten Gefieder bei gegeneinander kämpfenden Vögeln handelt es sich hier ebenfalls um das Aufstellen der menschlichen Körperhaare als eine Art Drohgebahren beim Angriff; die Gänsehaut ist also quasi ein Überbleibsel aus den frühen Kindertagen der Menschheit.

Die Erholung

Ganz andere Bedingungen als im Leistungszustand bestehen während der Erholung. Die Orientierung des Körpers nach außen, die die Leistungssituation prägt, kehrt sich während der Erholungsphase um: Nicht die Umwelt ist das Ziel der Aktivitäten, sondern der Körper selbst. Der zum Beispiel aus Flucht oder Angriff entstehende Zeitdruck der Leistungssituation wandelt sich in den Zeitraum einer Erholungssituation. Der Körper arbeitet weitgehend nach seinem eigenen Takt, er erneuert sich. Erneuerung bedeutet den Leistungszustand zu verlassen und verbrauchte Kraft zurückzugewinnen. Im Wesentlichen wird dieser Vorgang durch den Anteil des autonomen Nervensystems ausgelöst und gestaltet, den man als Parasympathikus (Erholungssystem) bezeichnet.

Die Umstellung des Körpers auf den Erholungszustand empfinden wir aus verschiedenen Gründen selten so deutlich wie die vergleichsweise eindrücklichen Veränderungen zu Beginn des Leistungszustandes: Zum einen erfolgt unter dem Einfluss des Parasympathikus zunächst „lediglich" eine Rücknahme der körperlichen Veränderungen aus dem Leistungs- in den Ausgangszustand, zum anderen lässt der Schlaf als Extremfall des Erholungszustandes eine Selbstbeobachtung nicht zu.

Die Rückführung der für den Leistungszustand beschriebenen Körperveränderungen findet ihren augenscheinlichsten Ausdruck in dem Gefühl einer angenehmen, den ganzen Körper durchflutenden, bis in Hände und Füße reichenden Wärme. Der Kopf bleibt dabei eher kühl. Der Mechanismus, der dem Wärmegefühl im Körper zu Grunde liegt, ist die Öffnung der Blutstromgebiete von Haut und Eingeweiden. Als Folge fällt der Blutdruck ab, was durch die Abnahme der Herzförderleistung noch einmal verstärkt wird. Die verringerte Förderleistung des Herzens bringt Herzklopfen und Pulsrasen zur Ruhe. Der geringere Umsatz von Energieträgern im Erholungszustand führt zu einem geringeren Anfall von Kohlendioxid und einem geringeren Sauerstoffbedarf. Entsprechend wird der Atemrhythmus ruhig und gleichmäßig. Der Wachheitsgrad nimmt als Folge einer relativ geringeren Hirn-

durchblutung ab. Andere, in dieser Phase ebenfalls dämpfend auf die Hirnleistung wirkende Einflüsse bleiben hier unberücksichtigt. Die in der Leistungsphase an Haut und Sinnesorganen beobachteten Veränderungen werden durch die Wirkung des Parasympathikus aufgehoben. Seine Angriffspunkte sind dieselben wie die des Sympathikus: Im Allgemeinen handelt es sich um die glatte Muskulatur der einzelnen Organe.
Wichtiger als die bloße Rückführung aus dem Leistungszustand an den Ausgangspunkt ist jedoch die Wiederherstellung verbrauchter Energie und das Wiederaufladen der Speicher. Dies geschieht über die Aufnahme und Verdauung von Nahrung. Die notwendigen Energieträger gelangen aus dem Darm in das Blut und werden in ihre jeweils organtypische Speicherform überführt. Erfahrbar ist dieser Teil der Aktivität des Erholungssystems als Wiederkehr von Hunger und Durst, oft von einem „Knurren des Magens" begleitet. Beim Anblick von Speisen „läuft das Wasser im Mund zusammen". Auch bei der Aktivität des Parasympathikus stellen sich, allerdings aus anderen Gründen als beim Leistungszustand, Stuhl- und Harndrang ein.
Unbemerkt bleibt dagegen die eintretende Anregung der Verdauungsdrüsen sowie die Aufnahme von Nährstoffen in das Blut und deren Überführung in die jeweils zugehörige Speicherform. Die Mehrdurchblutung des Darmes gewährleistet eine rasche Aufnahme von Energieträgern aus der Nahrung in das Blut. Mit ihm gelangen dann die Nährstoffe zur Leber, die einen Teil an andere speicherfähige Organe, etwa an die Muskeln, weiterleitet.
Die Voraussetzungen für einen erneut folgenden Leistungszustand sind wieder gegeben. Das Wechselspiel von Leistung und Erholung, Anspannung und Entspannung setzt sich fort.
Die Möglichkeit, jederzeit und willentlich eine Umschaltung von einem Leistungszustand in den Erholungszustand zu erreichen und eine allgemeine Harmonisierung der Lebensvorgänge zu gewährleisten, ist das Ziel von Entspannungsmethoden wie dem autogenen Training.

DIE WESENTLICHEN KÖRPERLICHEN VERÄNDERUNGEN WÄHREND DES LEISTUNGS- UND DES ERHOLUNGSZUSTANDES

Betroffener Körperbereich	**Leistungszustand**	**Erholungszustand**
Herzmuskel	Frequenz- und Kraftzunahme (Herz schlägt bis zum Hals)	Frequenz- und Kraftabnahme
Blutgefäße in Haut und Bauchraum etc.	Aktive Verengung (Haut wird blass)	Passive Erweiterung (Wärmegefühl)
Magen-Darm-Trakt	Abnahme der Verdauungstätigkeit	Zunahme der Verdauungstätigkeit (Wärme- und Bewegungsgefühl, Magenknurren)
Speicheldrüsen	Passive Verminderung (Mundtrockenheit)	Aktive Zunahme (Wasser im Mund)
Schweißdrüsen	Aktiv verstärkte Ausscheidung (feuchte Hände)	Passiv verminderte Ausscheidung
Stoffwechsel	erhöhte Nährstoffverbrennung (angespannte Wachheit)	erniedrigte Nährstoffverbrennung, Körpererneuerung angeregt

zusätzlich, nicht ausschließlich autonom eingestellt:

Skelettmuskulatur	Zunahme der Grundspannung (Lagebewusstsein)	Abnahme der Grundspannung (Schwere, kein Lagebewusstsein)
Atmung	Zunahme der Sauerstoffaufnahme	Abnahme der Sauerstoffaufnahme

Sichtweisen

Die körperlichen Erscheinungsbilder von Entspannung und Anspannung, der Erholungszustand und der Leistungszustand, lassen sich genau beschreiben und sind im Empfinden klar zu unterscheiden. Die Bewertung, die die Wahrnehmung von Körperzuständen erfährt, ist aber keineswegs eindeutig, sondern hängt von vorhandenen Grundstimmungen, Erwartungen und Situationseinschätzungen ab. Die gleichen Körperempfindungen können ebenso als Ausdruck höchsten Glücks wie als Äußerung von Ärger und Wut gedeutet werden.
In einem eindrucksvollen Experiment haben die Psychologen Stanley Schachter und Jerome E. Singer diesen Zusammenhang anschaulich gemacht: Sie verabreichten Versuchspersonen, die sich zur Teilnahme am Experiment bereit erklärt hatten, den chemischen Botenstoff Adrenalin, der eine allgemeine körperliche Erregung auslöst (Leistungszustand). Ein Teil der Versuchspersonen (Gruppe A) wurde unmittelbar auf die Wirkung des Hormons hingewiesen. Die so Unterrichteten konnten sich den eintretenden körperlichen Erregungszustand über die Hormonwirkung erklären. Für die anderen, nicht über die Wirkung unterrichteten Versuchspersonen (Gruppe B) war der erlebte körperliche Erregungszustand nicht so leicht zuzuordnen. Alle Personen dieser Gruppe B deuteten die Erregung daher als Gefühl. Ein Teil der Gruppe B wurde im Versuch in eine eher heitere, ausgelassene Umgebung einbezogen und ein anderer Teil in eine eher ärgerliche, frustrierende Situation gebracht. Je nach den äußeren Bedingungen nahmen die Versuchspersonen die ihnen ansonsten unerklärliche körperliche Erregung eindeutig entweder als Freude bis hin zum Glücksgefühl oder als Ärger bis hin zur Wut wahr. Zwischen angenehm und unangenehm entscheidet manchmal nur die Sichtweise.
Stellen wir uns einen Menschen vor, der, sich nur mit den Fingern anklammernd, über einem Abgrund an einer Felsplatte hängt: Der ganze Körper ist bis an die Grenzen der Leistungsfähigkeit angespannt. Unter Aufbietung aller Kräfte versucht der Betreffende den Vorsprung zu erklettern. Immer wieder drohen die Finger ab-

zurutschen. Der Schweiß tritt aus allen Poren. Das Herz schlägt rasend. Die Atmung ist stark beschleunigt. Letzte Reserven werden mobilisiert. Im Bewusstsein der gähnenden Tiefe sind alle Gedanken darauf gerichtet, weiter nach oben zu kommen. Handelt es sich zum Beispiel um einen Verunglückten oder ist die Person auf der Flucht vor einer Bedrohung in diese Situation geraten, wird sie heilfroh sein, wenn sie dem Entsetzen entronnen ist und wieder festen Boden unter den Füßen hat. Gehörte die Situation aber zu einer Aufgabe im Extrembergsteigen, wird die Person alles dafür tun, möglichst bald wieder in den Genuss der besonderen Anstrengung und des Nervenkitzels zu kommen. Die Situationen und die körperlichen Anforderungen sind möglicherweise völlig gleich, aber das Erleben ist grundsätzlich entgegengesetzt.
Jede wahrgenommene Situation wird von uns bereits mit einer Bedeutung versehen. Im Erleben sind Gegebenheiten nicht wertfrei. Erlebte Wirklichkeit ist in gewissem Sinne immer auch das Ergebnis eigener Sichtweisen. Diesen Gedanken zu der Aussage „Jeder ist seines Glückes Schmied" zu vereinfachen ist jedoch nicht hilfreich. Wir sind zwar Schöpfer von Bedeutungszuschreibungen, aber wir sind auch Gestalter von Lebensbedingungen. Schlechte oder schädliche Arbeits- und Wohnverhältnisse, mangelnde Entspannung und Ruhe, ungesunde oder nicht ausreichende Ernährung lassen sich nicht einfach schönfärben.
Wir können unsere Sicht der Welt und die Welt bewegen. Das Erleben der Welt können wir dabei unmittelbar beeinflussen, die Welt selbst jedoch nur über zielbewusstes und planvolles Handeln.

Psychosomatik

In dem etwa 1790 entstandenen, diesem Kapitel vorangestellten Zitat des deutschen Aufklärers und Verfassers geistreicher Gedankensplitter Georg Christoph Lichtenberg wird die Idee der unmittelbaren psychischen Beeinflussung doch sogar auf einen Teil der Welt selbst erweitert: auf den Körper. Der Körper ist derjenige Teil der Welt, den Gedanken und Vorstellungen unmittelbar verändern können. Die Möglichkeit der Beeinflussung körperlicher durch

geistig-seelische Geschehnisse, der psychosomatische Zusammenhang, spielte in der modernen wissenschaftlichen Medizin lange eine eher untergeordnete Rolle.
In jüngster Zeit sind nun direkte Nervenverbindungen zwischen dem Gehirn und Organen des Immunsystems gefunden worden.
Die Beziehung zwischen höheren geistigen Funktionen, wie Denken und Fühlen und körperlicher Befindlichkeit ist somit bereits auf der untersten, der materiellen, anatomischen Ebene nachgewiesen. Beeindruckende Hinweise auf die Möglichkeiten psychosomatischer Beeinflussung liefern zum Beispiel der Placeboeffekt und Phänomene der Hypnose.
Placebo bezeichnet in seiner Wortbedeutung (lateinisch „placebo“ bedeutet: ich werde gefällig sein) das Versprechen der Nützlichkeit oder Hilfe. Gemeint ist mit dem Placeboeffekt die von jeder therapeutischen Anwendung, von jeder Heilmethode ausgehende Hoffnung auf Besserung. Eine Entspannungsübung verspricht Ruhe, eine Schmerztablette verspricht Linderung, schon die bloße Anwesenheit des Arztes gibt Hoffnung. In einer großen Zahl von Beispielen und Untersuchungen ist gezeigt worden, dass bereits allein das Versprechen der Heilung oder Besserung für sich genommen eine erstaunliche körperliche Wirkung entfaltet. Selbst wenn eine chemische Wirkung bei einem gegebenen Medikament nachweislich vorliegt, ist der Glaube ein wesentlicher Bestandteil des Erfolges.
Neue Medikamente oder Methoden haben erfahrungsgemäß in den ersten Monaten ihrer Anwendung eine stärkere Wirkung als wenn sie schon lange eingeführt sind. In Krankenhäusern, in denen das Personal selbst von der Wirkung einer Therapie überzeugt ist, werden deutlich größere Erfolge erzielt. Der Placeboeffekt ist ein Teil jeder Heilmethode. Es spricht einiges dafür, dass bis zum Ende des 16. Jahrhunderts die Heilwirkung der medizinischen Behandlungen nahezu ausschließlich auf dem Glauben an deren Wirksamkeit beruhte. Betrachtet man sich die gesellschaftliche Anerkennung, die die Heilkundigen damals besaßen, muss ihr Erfolg auch ohne naturwissenschaftlich haltbare Methoden ganz beträchtlich gewesen sein.
Die Hypnose ist ein uraltes Heilverfahren, das in gewissem Sinne

den im Placeboeffekt aufscheinenden Zusammenhang zwischen Gedanken, Vorstellungen, Erwartungen und körperlichen Veränderungen gezielt in die Therapie miteinbezieht. Unter Hypnose gewinnen Vorstellungsbilder und Glaubenssätze einen besonders hohen Grad von erlebter Wirklichkeit und erreichen dadurch psychosomatische Wirkung. Harmlose Pflanzen lösen zum Beispiel allergische Reaktionen aus, wenn man sie sich als giftig vorstellt. Selbst große operative Eingriffe sind schmerzfrei möglich, wenn die Operierten unter Hypnose Schmerzfreiheit als gegeben hinnehmen oder sich in der Fantasie innerlich vom Ort des Geschehens entfernen. Darüber hinaus wird das Immunsystem unter Hypnose nachweislich gestärkt.
Wie eng Körper und Seele zusammenhängen, verdeutlicht auch bereits unsere Sprache: Sie ist voll von Bezügen zwischen psychischen und physischen Vorgängen: Vor Kummer drückt es einem das Herz ab und vor Freude geht einem das Herz auf. Die Wut verschlägt uns den Atem und wir machen unserem Unmut Luft.
Der wissenschaftlich nachgewiesene enge Zusammenhang zwischen Krankheitsanfälligkeit und Stimmungslagen wie Wut, Trauer, Angst oder Verunsicherung ist auch in der eigenen Erfahrung häufig unmittelbar nachzuvollziehen. Viel Kraft zur Stärkung der eigenen Gesundheit gewinnt man über positive Gefühle und Vorstellungen sowie aus einem liebevollen Umgang mit sich selbst. Dabei entsteht ein Kreislauf, der sich selbst verstärkt: Wir bewerten unsere Umwelt gut und setzen positive Erwartungen in sie, wenn wir uns wohl fühlen und wir fühlen uns wohler, wenn wir mit unserem Leben im Einklang sind.
Anspannung und Entspannung, Leistung und Erholung, sind eindeutig beschreibbare Körperzustände. Für die Gesundheit ist es wichtig, ein harmonisches Gleichgewicht zwischen diesen beiden Zuständen zu gewährleisten. Entspannung und Anspannung sind für sich genommen weder positiv noch negativ. Die Dauer eines Zustandes und die ihm zugewiesene persönliche Bedeutung bestimmen über die Art, wie er erlebt wird. Gedanken und Vorstellungen können körperliche Wirklichkeiten werden. Körperliches und psychisches Wohlbefinden stehen in Wechselwirkung miteinander.

Autogenes Training

Gönne dir einen Augenblick der Ruhe und du merkst, wie sinnlos du herumgehastet bist.

Laotse

Den Alltag der modernen Industriegesellschaft prägt ein hohes Tempo der Lebensabläufe. Große Anforderungen werden an den Einzelnen, seine Einsatzbereitschaft, Beweglichkeit und Anpassungsfähigkeit gestellt. Das Gleichgewicht zwischen Leistung und Erholung ist dabei nicht immer gegeben. Anregende Ausgleichsangebote stehen zwar vielfältig und jederzeit zur Verfügung, aber es ist nicht mehr selbstverständlich in ausreichendem Maße zur Ruhe und zu sich selbst zu kommen. Ein Weg, zusätzliche innere Ruheräume zu schaffen, besteht im Erlernen eines Entspannungstrainings, das die willentliche Umschaltung des Körpers vom Leistungs- auf den Erholungszustand zum Ziel hat. Um dies zu erreichen, bedarf es eines speziellen Trainings, da körperliche Entspannung nicht ohne weiteres unmittelbar willentlich herbeigeführt werden kann.

Leistung und Erholung sind zwar eindeutig beschreibbare körperliche Zustände, sie werden aber vom vegetativen, autonomen Nervensystem bestimmt. Anders als bei dem Teil des Nervensystems, der für die Skelettmuskulatur und die Fortbewegung zuständig ist, können wir unserem Körper im Wirkungsbereich des autonomen Nervensystems nichts direkt willentlich befehlen. Das Bild des Gehirns als einer Kommandozentrale unseres Ichs („Gehirn an Herz: Verlangsamen! Gehirn an Blutgefäße: Weiten! Gehirn an Speicheldrüsen: Ausscheiden! Gehirn an Magen-Darm-Bereich: Durchbluten und bewegen!“) gilt hier nicht. Anders als bei der Bewegungssteuerung setzen sich direkte Befehle nicht um. Die zum Umschalten in den Erholungszustand notwendigen Kommandos sind zwar eindeutig beschreibbar, das Wissen allein nützt jedoch nichts. Alle Entspannungsmethoden bedienen sich daher bestimmter Umwege, um das gewünschte Ziel, den Erholungszustand, zu erreichen und das Problem der scheinbaren Autonomie der vegetativen Umschaltung zu lösen. Diese Umwege bilden auch die Grundprinzipien des autogenen Trainings.

Die Grundprinzipien

Alle Entspannungsmethoden lassen sich letztlich auf zwei Grundprinzipien zurückführen:

- auf die Verbesserung der Körperwahrnehmung und
- auf den Umweg über die Vorstellung.

In verschiedenen Methoden werden allerdings die Anteile der beiden Prinzipien unterschiedlich gewichtet. So bauen die Progressive Relaxation nach E. Jakobson oder die Entspannungsanteile des Yoga beispielsweise in erster Linie auf der Verbesserung der Körperwahrnehmung auf. Das autogene Training bezieht beide Prinzipien nahezu gleichberechtigt mit ein. Professor J. H. Schultz, der das autogene Training (griechisch „autos“ bedeutet selbst, die griechische Wurzel „gen-“ bedeutet entstehen) zwischen 1920 und 1930 entwickelt hat, bezeichnet es auch als eine Form der konzentrativen Selbstentspannung. Der Begriff der Konzentration bezieht sich dabei sowohl auf die besondere Aufmerksamkeit gegenüber Geschehnissen im Körper als auch auf die Bedeutung von Vorstellungsbildern.

Die Körperwahrnehmung

Bis auf wenige Ausnahmesituationen nehmen die meisten Menschen die Vorgänge im Innern ihres Körpers kaum oder gar nicht wahr. Wenn wir wach und aktiv sind, ist die Aufmerksamkeit nach außen gerichtet; man sieht, hört, riecht, schmeckt, befühlt oder ertastet. Wenn das Herz nicht gerade bis zum Halse schlägt, der Magen knurrt oder wir bis über beide Ohren erröten, findet der Puls, die Verdauungstätigkeit oder die Hautdurchblutung eher wenig Beachtung. Der Körper „funktioniert“. Wir sind handlungsfähig und einsatzbereit. Glücklicherwei-

se brauchen wir uns um die Gestaltung und die aufgabengerechte Anpassung der Geschehnisse im Körper nicht zu kümmern. Die Regulation durch das autonome Nervensystem setzt unsere ohnehin oft überforderte Aufmerksamkeit frei für die Anforderungen der Außenwelt. Wenn es jedoch darum geht, die vegetativen Funktionen des Körpers willentlich zu beeinflussen, ist die feine Wahrnehmung der inneren Geschehnisse von wesentlicher Bedeutung. Das bewusste Registrieren der Wirkungen des eignen Tuns ist eine unverzichtbare Voraussetzung jeden Lernens.
Stellen wir uns eine Person vor, die ein einfaches Musikstück auf einem ihr bislang unbekannten Instrument lernen soll. Sie bekommt die Melodie so oft vorgespielt, wie sie will. Zusätzlich ist die Person im Besitz der Noten und in der Lage sie zu lesen. Allerdings wird ihr jeder Blick auf das Instrument unmöglich gemacht und sie bekommt während des eigenen Spiels keinen Ton davon zu hören. Unter diesen Bedingungen wird es selbst einer genialen musikalischen Begabung nicht gelingen das Ziel auch nur annähernd zu erreichen.
Was für die beschriebene künstliche Situation gilt, trifft im Grundsatz natürlich allgemein auf das Erlernen von Musikinstrumenten zu. Auf irgendeine Art müssen die am Instrument ausgelösten Töne wahrgenommen werden, um einen sinnvollen Umgang mit ihnen zu ermöglichen. Und je feiner diese Wahrnehmung ist, desto wahrscheinlicher ist der Erfolg und desto größer das Können am Instrument.
Wie das Erlernen von Musikinstrumenten an eine Schulung des Gehörs gebunden ist, so ist das Erlernen der willentlichen vegetativen Umschaltung zum Erholungszustand gebunden an eine Schulung der Körperwahrnehmung. Unsere Unterscheidungsfähigkeit in Bezug auf Außenreize wird in unserem Leben von Anfang an geübt und wir werden entsprechend sensibel für feine und feinste Änderungen. Die Wahrnehmung der innerkörperlichen Geschehnisse bleibt, obwohl eine Vielzahl von Sinnesflächen (Rezeptoren) vorhanden ist, normalerweise weitgehend untrainiert und oberflächlich. In gewissem Sinne sind wir Analphabeten in Bezug auf die Sprache unseres eigenen Körpers. Wenn es uns aller-

dings gelingt, auch kleinste Muskelverspannungen oder Durchblutungsveränderungen wahrzunehmen, können wir die willentliche Umschaltung zum Erholungszustand lernen; wir können lernen, die scheinbare Autonomie des vegetativen Nervensystems aufzuheben. Voraussetzung ist, dass wir das autonome innerkörperliche Geschehen ins Bewusstsein heben. Neben dem Weg der Entwicklung der eigenen Wahrnehmungsfähigkeit wird das Prinzip des Lernens über Rückmeldung auch bei technischen Hilfsmitteln eingesetzt, die speziell zur Unterstützung der Umschaltung vom Leistungs- zum Erholungszustand entwickelt worden sind. Es handelt sich um so genannte Biofeedbackgeräte (englisch „feedback" bedeutet Rückmeldung). Rückmeldung bezeichnet die bewusste Wahrnehmung der Ergebnisse des eigenen Tuns, durch sie wird der Lernerfolg als Übereinstimmung zwischen dem gewünschten und dem tatsächlichen Zustand erlebbar. Mit Biofeedbackgeräten werden schwach oder indirekt wahrnehmbare Körpersignale elektronisch aufgenommen, verstärkt und in unüberhörbare oder nicht zu übersehende Veränderungen übersetzt.

Das Prinzip des Biofeedbacks ist bereits erfüllt, wenn wir mit den Fingern unseren eigenen Puls fühlen. Über den Tastsinn machen wir die feine Druckwelle, die vom Herzen ausgehend durch den ganzen Körper strömt, in der Außenwahrnehmung spürbar. Mit entsprechenden technischen Messfühlern lässt sich jedoch nicht nur der Puls erfassen. Veränderungen der Hautdurchblutung, der Muskelspannung, ja selbst die elektrische Aktivität des Gehirns kann aufgenommen, verstärkt und rückgemeldet werden. Im Zusammenhang mit Entspannung spielt die elektrische Leitfähigkeit der Haut als Messgröße eine besondere Rolle; es hat sich gezeigt, dass die Leitfähigkeit der Haut mit der Tiefe der körperlichen Entspannung abnimmt. Am leichtesten kann man sich dies in Zusammenhang mit der Tatsache erklären, dass in der Entspannung die Tätigkeit der Schweißdrüsen in der Haut passiv vermindert ist (feuchte Hände bei Anspannung). Wird die Leitfähigkeit nun gemessen und zum Beispiel in einen Ton mit veränderlicher Höhe umgesetzt, so kann man der eigenen Entspannung quasi zuhören und erleben, wie jeder Gedanke den

Körper als Ganzes beeinflusst. Denkt man an eine aufregende Situation, geht die Leitfähigkeit und damit die Tonhöhe hoch; denkt man an eine angenehm beruhigende Begebenheit, sinkt die Leitfähigkeit und der Ton wird tiefer. Biofeedback ist eine schöne Möglichkeit verschiedene psychosomatische Zusammenhänge anschaulich werden zu lassen.
Biofeedbackgeräte können auch beim Entspannungstraining sinnvoll zur Unterstützung des Lernens verwendet werden. Sie sollten jedoch nicht die Schulung der eigenen Körperwahrnehmung ersetzen. Wenn man sich nur mit einem technischen Hilfsmittel entspannen kann, ist das Bestmögliche noch nicht erreicht. Ziel bleibt auf jeden Fall die Steigerung der eigenen Fähigkeiten.

Der Umweg über Vorstellungen

Das zweite Grundprinzip der willentlichen Beeinflussung des autonomen Nervensystems ist jedem aus tausendfacher Erfahrung bekannt. Die bewundernswerte Leistung von J. H. Schultz besteht darin, diese selbstverständliche Erfahrung für die angestrebte vegetative Umschaltung zum Erholungszustand nutzbar gemacht zu haben. Den Speicheldrüsen den Befehl zu geben mehr Speichel abzusondern, ist ungewöhnlich und bleibt erst einmal erfolglos, denn die Speicheldrüsen werden vom autonomen Nervensystem gesteuert. Schauen wir uns jedoch das Bild einer saftigen, sauren Zitrone an und stellen uns darüber hinaus vielleicht noch vor, in diese Zitrone hineinzubeißen, so erfolgt der Speichelfluss sehr rasch.
Die vegetativ gesteuerten innerkörperlichen Geschehnisse können über mehrfach gemachte Erfahrungen an bestimmte Bilder, Geräusche, Gerüche, Geschmacks-, Berührungs- und Tasterlebnisse gekoppelt werden. Wenn eine solche Koppelung hergestellt ist, löst schon die Vorstellung der Empfindungen und Erlebnisse die zugehörige körperliche Veränderung aus. Ja, sogar Vorstellungen und Gedanken selbst können, ohne Bezug auf eine erlebte Empfindung oder ein Erlebnis, zum Anker für eine solche Verbindung (Assoziation) werden. Dabei kommt es, wenn die ausgelösten körperlichen Veränderungen bewusst wahrgenom-

men werden, zu dem schon bei der ersten Beschreibung des psychosomatischen Zusammenhangs erwähnten, sich selbst verstärkenden Kreislaufs (positive Rückkopplung): Die Vorstellung verursacht eine bestimmte assoziierte Körperreaktion, die Körperreaktion erleichtert und vertieft die Vorstellung, die lebhaftere Vorstellung verstärkt die Körperreaktion usw. Wir alle kennen diesen Zusammenhang zum Beispiel am Erröten.

Ein schönes Beispiel für die Auswirkung der Verbindung von Wahrnehmungen und autonomen Körperreaktionen kann man auf dem Jahrmarkt, der Kirmes, dem Rummelplatz finden. Mitunter gibt es dort ein Rundumkino, in dem die Leinwand die Form einer Halbkugel hat. Dadurch ergibt sich der Eindruck eines Raumes, in dem sich der Beobachter befindet. Vergleichbar dem Stereohören entsteht eine täuschend echte bildliche Simulation der Wirklichkeit. Wird nun als Film zum Beispiel eine Achterbahnfahrt aus der Sicht einer mitfahrenden Person gezeigt, treten bei den Zuschauenden alle körperlichen Begleiterscheinungen einer tatsächlichen Fahrt auf: Das bekannte Kribbeln im Magen, das das plötzliche Abwärtsfahren begleitet, stellt sich zu den entsprechenden Bildern ein. Hält die Gondel plötzlich an, wirft die unwillkürliche Ausgleichsbewegung die Beobachtenden scharenweise aus dem Gleichgewicht. Es ist beeindruckend, wie ganzheitlich und vielgestaltig assoziative Verbindungen sein können. Zu welchen psychosomatischen Reaktionen zum Beispiel die bloße Vorstellung einer bevorstehenden Prüfung führen kann, haben die meisten schon mehr oder weniger ausgeprägt am eigenen Leibe erfahren.

Einer der Pioniere der praktischen Umsetzung des Prinzips der Beeinflussung über die Vorstellung ist der französische Apotheker Emil Coué. In seinem 1922 erschienenen Buch zur „Selbstbemeisterung durch bewusste Autosuggestion" führt er das folgende, überzeugende Gedankenexperiment als Beleg für die Wirkung von Vorstellungen auf den Körper an:

Stellen wir uns einmal vor, wir legen ein 10 Meter langes und 25 Zentimeter breites Brett auf den Boden. Selbstverständlich wird jeder Mensch von einem En-

de zum andern gehen können, ohne danebenzutreten. Nun denken Sie sich aber den gleichen Versuch unter anderen Bedingungen: dasselbe Brett verbindet als Steg die zwei Türme eines Domes. Wer wird noch im Stande sein auf einem solchen Weg auch nur einen Meter zurückzulegen?
Der Unterschied zwischen beiden Aufgaben liegt ausschließlich in der Vorstellung. Allein die Vorstellung der drohenden Gefahr eines Absturzes macht im zweiten Fall unmöglich, was zuerst mit großer Leichtigkeit geleistet wird.
Im autogenen Training wird der psychosomatische Zusammenhang und der Vorgang der positiven Rückkoppelung auf effektive Art eingesetzt, um die Umschaltung vom Leistungs- zum Erholungszustand sicher, schnell und willentlich zu gewährleisten. Professor J. H. Schultz hatte die beeindruckend einfache Idee einer Wirkungsumkehr: Er beobachtete, dass Menschen im Erholungszustand stets vergleichbare Empfindungen haben – sie fühlen sich schwer und warm, Herz und Atmung beruhigen sich, der Magen-Darm-Bereich macht sich wohlig bemerkbar und die Stirn ist angenehm kühl. Bestimmte Empfindungen sind sogar fest an den Erholungszustand gekoppelt. Damit eröffnet sich die Möglichkeit, Entspannung über den Umweg der Vorstellung dieser Empfindungen auszulösen und die scheinbare Autonomie des vegetativen Nervensystems aufzuheben. Die Vorstellung der Empfindung von Schwere führt direkt zu der körperlichen Veränderung, die der Auslöser der Schwereempfindung ist. Stellt man sich vor, Wärme zu empfinden, führt dies direkt zu der körperlichen Veränderung, die die Wärmeempfindung auslöst. Wenn diese körperlichen Veränderungen wiederum wahrgenommen werden, entsteht der sich selbst verstärkende Kreislauf zwischen Vorstellung und Körperreaktion.

Die Rahmenbedingungen

Die Grundprinzipien des autogenen Trainings, die Verbesserung der Körperwahrnehmung und der Umweg über die Vorstellung, lassen sich leicht nachvollziehen.
Ziel der Methode ist es, sich zuverlässig und in jeder Situation

entspannen zu können. Die Entwicklung dieser erstrebenswerten Fähigkeit kann allerdings nur durch regelmäßiges Üben erreicht werden. Der sich Schritt für Schritt entfaltende Lernweg des autogenen Trainings führt dabei auf jeder Stufe zu angenehmen und interessanten Erlebnissen und Erfahrungen. Die jeweils erreichten Zwischenergebnisse unterstützen das Lernen und erhöhen die Bereitschaft zum täglichen Üben. Den Lernweg des autogenen Trainings sind deshalb schon sehr viele Menschen mit großem persönlichen Nutzen gegangen.

Die Körperhaltung

Eine Bedingung für weit reichende Entspannung ist die Einnahme einer geeigneten Körperhaltung. Der Erholungszustand wird von ganz allein im Schlaf erreicht. Die Haltung, für die daher jeder von uns bereits sehr viele Erfahrungsbrücken zur Entspannung besitzt, ist das Liegen. Für den Anfang des Lernens kann deshalb die liegende Haltung den Einstieg ins Lernen erleichtern. Allerdings ist ja die bewusste Wahrnehmung der in der Entspannung stattfindenden körperlichen Veränderungen eine Voraussetzung für das autogene Training. Führt die liegende Haltung dazu, dass Sie bei der Entspannungsübung häufiger ungewollt einschlafen, sollten Sie eine sitzende Haltung dem Liegen auf dem Rücken vorziehen.

Doch auch die liegende Haltung zur Entspannung weicht von den meisten Einschlafhaltungen ab. Viele Menschen liegen nämlich beim Einschlafen leicht zusammengerollt auf der Seite. Für das autogene Training legen Sie sich mit dem Rücken flach auf eine Decke oder eine Matte – das Bett sollten Sie nur abends benutzen, wenn die Entspannungsübung vor dem Einschlafen stattfindet. Körper und Kopf bilden eine gerade Linie. Die Arme liegen leicht angewinkelt mit den Handflächen nach unten oder oben neben dem Körper. Die Beine sind leicht gespreizt und die Fußspitzen kippen ganz von allein ein wenig nach außen. Vielleicht legen Sie sich noch ein Kissen oder eine Schaumstoffrolle unter den Kopf. Ist es Ihnen im Bereich der Arme oder der Brust unbequem, legen Sie sich Kissen unter die Schultern oder die Ellenbogen. Spannungsgefühle in den Beinen und im

Beckenbereich werden durch ein Kissen oder eine Schaumstoffrolle unter den Knien aufgelöst. Wichtigstes Merkmal für die richtige Haltung ist, dass Sie sich wohl fühlen.

Die verschiedenen sitzenden Haltungen unterscheiden sich durch die Voraussetzungen, die sie benötigen. Die ungewohnteste, aber auch die am vielseitigsten einsetzbare Form des Sitzens ist die Droschkenkutscherhaltung (siehe rechts). Eine Bank oder ein Stuhl ohne Lehne reichen aus.

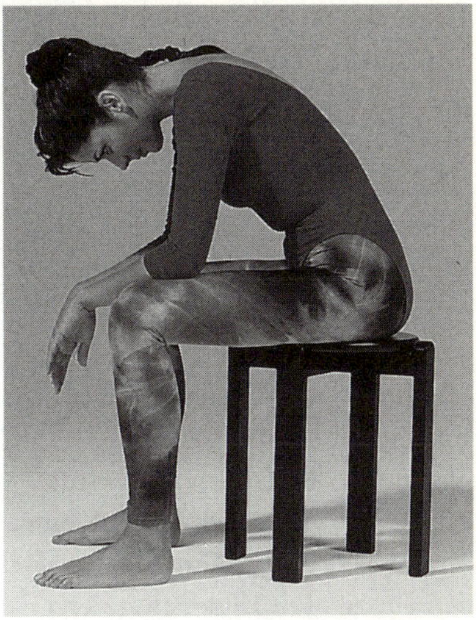

Zur Droschkenkutscherhaltung setzen Sie sich frei hin. Lehnen Sie sich nicht an. Die Füße stehen flach und sicher auf dem Boden. Die Beine sind in den Knien annähernd rechtwinkelig gebeugt. Die Höhe der Bank oder des Stuhles sollte Ihrer Körpergröße angemessen sein. Die Unterarme ruhen auf den Oberschenkeln. Die Hände hängen frei zwischen den Beinen und berühren sich nicht. Machen Sie zu Beginn Ihren Rücken gerade. Strecken Sie den Kopf in die Höhe, so als ob Sie gemessen würden und größer erscheinen möchten. Die Wirbelsäule wird dabei gedehnt und etwas nach oben gehoben. Lassen Sie sich nun beim Ausatmen nach vorn zusammensinken. Nach einigen Versuchen finden Sie dabei die Haltung, in der Sie entspannt sitzen können. Ihr Körper wird vom Knochengerüst getragen. Balancieren Sie nun Ihren Kopf aus, er soll von allein auf der Wirbelsäule ruhen.

Die weiteren Sitzhaltungen folgen dem gleichen Muster; nur wird die tragende Funktion des Knochengerüstes je nach den Gegebenheiten mehr und mehr vom jeweiligen Sitzmöbel übernommen. Der Rücken wird aufgefangen, der Kopf gestützt, die Arme oder Ellenbogen ruhen auf Armlehnen, vielleicht werden sogar die Beine getragen. Unterschiedliche

Bequemlichkeitsangebote vom Küchenstuhl über den Sessel und Fernsehsessel bis hin zum eigens gestalteten Entspannungsmöbel sind denkbar. Natürlich ist es aber ebenso möglich ohne jedes Möbel oder einen Sitz auf dem Boden kniend zu entspannen. Ganz gleich welche Sitzhaltung Sie bevorzugen, wichtigster Maßstab ist, dass Sie sich wohl fühlen.
Während des Erlernens des autogenen Trainings sollten nach einer Anfangsphase zunehmend verschiedene Haltungen eingesetzt werden. Die Fähigkeit zur willentlichen Entspannung des Körpers soll ja im Alltag möglichst vielseitig und unabhängig von bestimmten Voraussetzungen verfügbar sein.

Die Umgebung

Auch wenn das Ziel eine möglichst große Unabhängigkeit von Umgebungsbedingungen ist, sollten Sie die Gegebenheiten zu Beginn des Lernens sehr sorgfältig gestalten. Auch die ersten Surfstunden finden gewöhnlich nicht in der Brandung des Pazifiks statt und der Skianfänger sucht sich keinen Steilhang. Sorgen Sie dafür, dass Sie beim Üben ungestört bleiben. Schließen Sie die Tür. Stellen Sie das Telefon ab. Unterrichten Sie Familienmitglieder, Mitbewohner usw. von Ihren Übungen. Nehmen Sie sich ausreichend Zeit.
Da es das Ziel ist, eine feste Koppelung zu einem Körperzustand zu schaffen, behalten Sie die Umgebung am Anfang möglichst unverändert bei. Wählen Sie, soweit es geht, möglichst immer auch die gleichen Zeitpunkte im Tagesablauf: Üben Sie nach dem Aufstehen, in der Mittagspause, nach der Heimfahrt, vor dem Zubettgehen oder vor dem Einschlafen. Vielleicht richten Sie sich sogar eine besondere Entspannungsecke ein. Suchen Sie sich eine bestimmte Decke und ein bestimmtes Kissen oder einen besonderen Sessel aus: Gegenstände, denen wir eine besondere Bedeutung geben, können zum Symbol werden und die Erinnerung unterstützen. Vielleicht stellen Sie dann nach einiger Zeit des Übens fest, dass bereits das Aufsuchen Ihrer Entspannungsecke oder das Einnehmen Ihrer Entspannungshaltung die Umschaltung zum Erholungszustand einleitet. Schon ein Blick auf Ihre Entspannungsecke oder

der von Ihnen gewählte Punkt im Tagesablauf fordern Sie zum Üben auf.

Die Lernschritte

Die im autogenen Training wirksamen Grundprinzipien sind eine gute Körperwahrnehmung und Vorstellungskraft. Um die gewünschte willentliche Umschaltung in den Erholungszustand zu einer zuverlässigen Fähigkeit zu machen, durchlaufen Sie sorgfältig aufeinander abgestimmte Lernschritte. Zu Beginn wird die Aufmerksamkeit auf einen einzelnen Körperteil, auf den jeweiligen Arbeitsarm (bei Rechtshändern der rechte, bei Linkshändern der linke) gelenkt. Die von der Vorstellung ausgelösten körperlichen Veränderungen werden erst einmal nur dort geübt und wahrgenommen. Nach und nach, mit wachsender Wahrnehmungsfähigkeit und Sicherheit erweitern Sie die Übungen auf den ganzen Körper.
Zusätzlich besteht die Gesamterfahrung der vegetativen Umschaltung im Lernverlauf aus einer Abfolge von sechs Grundübungen, die Sie langsam zur Gestalt des autogenen Trainings zusammenfügen. Begonnen wird mit der Entspannung der Skelettmuskulatur, da wir deren willentliche Beeinflussung gewohnt sind. Für die Zeitdauer des Lernverlaufes gibt es keine Vorgaben, er kennt nur ein jeweils ganz persönliches Tempo. Gehen Sie mit dem Üben nie weiter als Ihre Freude daran reicht. Lassen Sie sich von den beobachtbaren Veränderungen faszinieren und genießen Sie die erreichte Ruhe. Konzentration und wache Aufmerksamkeit entstehen ganz von allein, denn Lernen mit Faszination ist Begreifen durch Ergriffensein. Wenn wir beispielsweise ein spannendes Buch lesen, nehmen wir den Vorgang des Lesens selbst auch kaum wahr, aber der Inhalt prägt sich lebhaft und fest ein.
Im Allgemeinen geht man davon aus, dass Ihnen ein halbes Jahr täglichen Übens gestattet sich jederzeit und überall entspannen zu können.

Die Formeln und Bilder

Mit dem autogenen Training eng verbunden ist die Verwendung von Formeln und Bildern. Worte und Bildassoziationen werden benutzt, um die Konzentration auf die für die Übungen ausgewählten Vorstellungen zu lenken sowie deren Lebhaftigkeit zu erhöhen. Das Bild einer einsamen Palme am weißen Sandstrand, von smaragdgrünem Wasser, blauem Himmel und brauner Haut löst zusammen mit Worten wie Ruhe, ausspannen und genießen Wohlgefühl und Fernweh, angenehme Träume von Urlaub sowie Lebensfreude aus.

In der Werbung werden solche Koppelungen umfangreich genutzt und bewusst hergestellt. Bilder und ihre zu Formeln verdichteten Wortverbindungen sind Schlüssel zur Vorstellung.

Wenn Sie sich während des autogenen Trainings bestimmte Empfindungen lebhaft vorstellen wollen, ist es hilfreich, die Aufmerksamkeit und Vorstellungskraft mit Formeln und Bildern zu unterstützen.

Benutzen Sie so die Bilder, die Ihrem Erfahrungshintergrund entsprechen, und die Formeln, die Ihnen am sinnvollsten erscheinen – alle von uns vorgegebenen sind nur Vorschläge. Wenn Sie allerdings erst einmal bestimmte Bilder und Formeln als Schlüssel zu Ihrer Vorstellung ausgewählt haben, behalten Sie sie auch bei. Jede Tür braucht ihren eigenen Schlüssel und eine Koppelung entsteht nur über Stetigkeit.

Das Zurücknehmen

Am Ende jeder Entspannungsübung steht das bewusste und sorgfältige Zurücknehmen der vegetativen Umschaltung. Entspannung dient ja letztlich der Möglichkeit erneuter Anspannung. Nach der Übung sind Körper und Geist erholt, wie nach einem erquickenden Schlaf. Und so, wie man sich nach dem Nachtschlaf reckt, streckt und bereitmacht für den Tag, bedarf es auch nach der Entspannung einer gezielten Aktivierung.

Nur wenn Sie die Entspannungsübung nutzen um direkt in den Nachtschlaf überzugehen, können Sie die Zurücknahme weglassen. Die Aktivierung erfolgt dann von allein am nächsten Morgen.

Ansonsten gilt, dass, egal wie tief Sie sich entspannt haben, die Übung normalerweise immer in der folgenden Weise und begleitet von folgenden Formeln beendet wird:

Arme fest.
Spannen Sie ein paar Mal kräftig beide Arme an, recken und strecken Sie sich.

Tief atmen.
Atmen Sie ein paar Mal tief und kräftig durch, wie beim Heraustreten in die klare Morgenluft.

Augen auf.
Öffnen Sie erst am Ende des Zurücknehmens die Augen. Sie sind nun erholt und wach, wie nach einem angenehmen Schlaf.

Die Grundübungen

Lassen Sie sich Zeit für das Erlernen der sechs Grundübungen des autogenen Trainings, die den Ausgangspunkt für eine Vielzahl von sinnvollen weiterführenden Wegen zum Wohlbefinden bilden. Für jede einzelne davon ist mindestens eine Woche vorgesehen. Die eigentliche Lernphase erfordert erfahrungsgemäß ein halbes Jahr stetigen Übens. Aber schon nach wenigen Wochen kann das autogene Training zu den selbstverständlichen Teilen des Alltags gehören. Es wird bereits nach kurzem Üben zu einem gerne aufgesuchten inneren Ruheraum. Zum Lernen gehört zwangsläufig die Rückmeldung. Informationen über Ihre persönlichen Lernfortschritte können Sie auf verschiedene Art sammeln. Eine Möglichkeit besteht darin, die im Kapitel Materialien angefügten Rückmeldebögen zu benutzen. Vielleicht fragen Sie aber auch zusätzlich eine befreundete Person, der Sie gewissermaßen die Patenschaft für Ihren Lernverlauf übertragen. Mit dieser Person, die vielleicht auch gerade autogenes Training lernt, können Sie regelmäßig Ihre Erfahrungen austauschen.
Wenn Sie das autogene Training in einem angeleiteten Kurs erlernen, sind meist ein Austausch und eine Rückmeldung der Gruppe und durch den Kursleiter gegeben.
Lernen Sie das autogene Training eigenständig, sollten Sie die folgende Beschreibung der sechs Grundübungen wie einen angeleiteten Kurs verwenden. Lesen Sie pro Woche nur einen Abschnitt und führen Sie die jeweils angeregte Übung – am besten mehrmals – täglich durch.
Auch als Autodidakt können Sie die ersten drei Grundübungen des autogenen Trainings bedenkenlos

erproben. Wenn Sie Herz- oder Kreislaufprobleme, akute Magen-Darm-Beschwerden oder Migräne haben, sollten Sie sich für die weiteren Übungen mit Ihrem Arzt besprechen. Bei schweren psychischen Problemen fragen Sie vor dem Erlernen des autogenen Trainings Ihren Therapeuten. Auch wenn nicht alle Menschen diese Entspannungsmethode anwenden können, die positive, vegetativ harmonisierende Kraft macht das autogene Training beinahe unter jeder Bedingung zu einem wertvollen Weg zum Wohlbefinden. Die nachstehende Darstellung der sechs Grundübungen folgt einem einheitlichen und einfachen Schema:

1. *Vorstellung und Körperveränderung:* Jede Übungsdarstellung beginnt mit dem in der Vorstellung zu vergegenwärtigenden Körpergefühl und der zu Grunde liegenden körperlichen Veränderung.

2. *Alltagserfahrungen und Vorübungen:* Alltagserfahrungen für das Körpergefühl werden aufgeführt und kleine Vorübungen zu seiner Vergegenwärtigung angeregt.

3. *Formeln, Bilder und Übungsablauf:* Es folgen Beispiele für Formeln und für unterstützende Bildassoziationen sowie eine Beschreibung des genauen Ablaufs der Übung.

4. *Erfolgskriterien und Hinweise:* Die Darstellung schließt mit der Benennung von Erlebniskennzeichen für den Übungserfolg und mit zusätzlichen Hinweisen.

Schwereübung (1. Woche)

Begonnen wird das autogene Training mit der Vorstellung von Schwere im jeweiligen Arbeitsarm (bei Rechtshändern der rechte, bei Linkshändern der linke). Hier wird der psychosomatische Zusammenhang zwischen Muskelentspannung und Körperschwere ausgenutzt. Die Skelettmuskulatur besitzt im Wachzustand ständig eine relativ hohe Grundspannung, die den Körper aufrecht hält. Unser Gewicht empfinden wir kaum, wenn wir aktiv sind. Wenn wir allerdings müde werden und unsere Anspannung nachlässt, werden die Glieder schwer. Die Entspannung der Skelettmuskulatur empfinden wir als Schwere des Körpers. Den Grundprinzipien des autogenen Trainings folgend ist also die Vorstellung körperlicher Schwere der Einstieg in die muskuläre Entspannung. Je besser es gelingt sich die Empfindung von Schwere vorzustellen, desto mehr entspannt sich die Skelettmuskulatur und desto schwerer fühlt sich der Körper tatsächlich an. Muskelentspannung, Schwereempfindung und die Vorstellung von Schwere unterstützen sich gegenseitig und werden eine positive Rückkoppelung. Werden die mit Muskelanspannung einhergehenden elektrischen Potenziale während einer Entspannungsübung gemessen, so lässt sich feststellen, dass die elektrischen Potenziale und mit ihnen die Muskelanspannung mit dem eintretenden Schweregefühl tatsächlich stark abnehmen. Zur Erleichterung des Übungseinstiegs können Sie an dieser Stelle auf die Anregungen im Kapitel „Erweiterungen“ ab Seite 57 vorgreifen. Der Zusammenhang von Entspannung und Körperschwere wird deutlich, wenn man zum Beispiel ein schlafendes Kind anhebt. Auch nach körperlicher Arbeit oder nach einem Spaziergang, wenn die körperliche Spannkraft sich erschöpft, wird die Schwere spürbar und wir genießen eine Pause.

TIPP

- **Folgender einfacher Versuch hilft, sich das vorzustellende Gefühl von Schwere zu vergegenwärtigen:**
- **Halten Sie bei Ihrem nächsten Besuch im Schwimmbad die Arme unter Wasser. Das Eigengewicht der Arme wird durch den Auftrieb aufgehoben. Die Arme fühlen sich nahezu schwerelos an. Wenn Sie nun die Arme aus dem Wasser heben, spüren Sie unmittelbar den Übergang zur Schwereempfindung. Heben Sie die Arme ein paar Mal aus dem Wasser und prägen Sie sich die dabei auftretende Empfindung ein.**

Bei dem für die Schwereübung gewählten Symbol stand das Bild einer schwer in den Sand fallenden Bocciakugel Pate.
Welche Assoziation wollen Sie sich zur Unterstützung der Vorstellung des Schweregefühls wählen? Suchen Sie sich eine eigene Bildidee, eine Klangerfahrung oder eine Situation, die Sie mit der Schwereempfindung verbinden. Versuchen Sie die gewählte Assoziation möglichst auf ein leicht zu erinnerndes Symbol zu

verdichten. Manche Menschen stellen sich beispielsweise vor an einem schönen Sommertag am Strand zu liegen. Der Körper ist vom eigenen Gewicht in den weichen Sand eingesunken. Eine symbolisch verdichtete Vorstellung könnte hier das Gefühl von Sand auf der Haut sein.
Die erste Übung, die Sie nun durchführen können, benutzt Formelvorschläge, die Sie sich zur Unterstützung der Vorstellung in Gedanken während der Übung vorsprechen. Nehmen Sie dabei Ihr Bild oder Ihr Symbol für Schwere zu Hilfe.
Diese erste Übung soll nicht länger als etwa 5 Minuten dauern.

Einleitung

Nehmen Sie eine der vorgeschlagenen Entspannungshaltungen ein. Verändern Sie Ihre Körperpartien so lange bis Sie sich wohl fühlen. Machen Sie es sich, auch bezogen auf Ihre Kleidung, so bequem wie möglich.
Sorgen Sie für eine ruhige und ungestörte Umgebung.
Üben Sie so lange wie es Ihnen gefällt, jedoch nicht länger als etwa 5 Minuten.
Schließen Sie die Augen.

Ruhetönung

Sprechen Sie sich in Gedanken die folgende Formel vor:
Ich bin ruhig, ganz ruhig und entspannt.
Versuchen Sie alles hinter sich zu lassen. Nehmen Sie Abstand. Lösen Sie sich.

Schwere

Richten Sie Ihre Aufmerksamkeit auf Ihren rechten oder linken Arm. Nehmen Sie einfach Ihren Arm wahr. Sagen Sie sich die folgende Formel langsam und mehrfach (etwa 10-mal) in Gedanken vor und stellen Sie sich das Gefühl von Schwere vor:
Der rechte (linke) Arm ist schwer, angenehm schwer.
Nehmen Sie ganz bewusst das Gewicht und die Schwere Ihres Armes wahr; genießen Sie dieses Gefühl der Schwere eine Weile, bevor Sie die Übung beenden.

Zurücknahme

Nehmen Sie den Entspannungszustand zurück, indem Sie den folgenden Formeln entsprechend handeln:
Arme fest,
tief atmen,
Augen auf.

Erinnerung

Rufen Sie sich nach der Übung die gemachten Erfahrungen in Erinnerung.
Nach welcher Zeit ist es Ihnen gelungen Ihre Aufmerksamkeit ganz auf den Arm zu lenken?
Wo haben Sie die Schwere zuerst oder besonders deutlich empfunden? Wie leicht ist es Ihnen bereits gefallen etwas zur Ruhe zu kommen?

Sie sollten diese einfache kleine Übung in der ersten Woche zweimal täglich an gleich bleibenden Zeitpunkten im Tagesablauf durchführen.
Bleiben Sie bei einer ungefähren Übungszeit von 5 Minuten. Es kommt nicht darauf an, dass Sie sich besonders tief entspannen. Beobachten und genießen Sie vielmehr.
Machen Sie sich mit dem Übungsablauf vertraut.
Versuchen Sie nach einigen Tagen einmal den Arm während des Übens anzuheben. Wenn Sie den Eindruck haben ihn lieber nicht bewegen zu wollen und wenn der Arm ein wenig an der Unterlage zu haften scheint, ist Ihnen die Entspannungsübung schon sehr gut gelungen.

Wärmeübung (2. Woche)

Wie erging es Ihnen in der ersten Woche? Ist es Ihnen schon gelungen, regelmäßig zu üben? Jede Übung, die Sie durchgeführt haben, stellt einen positiven Schritt zum Erlernen des autogenen Trainings dar. Haben Sie bereits einen oder zwei geeignete Zeitpunkte in Ihrem Tagesablauf gefunden, an denen es Ihnen leicht fällt zu üben? Ist Ihnen das Gefühl der Schwere schon geläufig?
Mit dem Übergang in den Erholungszustand und mit der sich ausbreitenden Entspannung der Skelettmuskulatur weiten sich auch die Blutgefäße der Haut. Die verstärkte Hautdurchblutung ist als Wärmegefühl spürbar. Die nächste Übung im autogenen Training ist dementsprechend die Vorstellung dieses Wärmegefühls. Wird die Hauttemperatur während einer Entspannungsübung gemessen, so stellt man einen deutlichen Anstieg fest.
Der Zusammenhang zwischen verstärkter Durchblutung und Wärmeempfindung ist uns aus vielen Alltagserfahrungen geläufig. Kommt man etwa nach einem Spaziergang in klarer, kalter Win-

terluft in einen geschlossenen Raum, weiten sich die Blutgefäße ebenfalls und auch die Wirkung ist vergleichbar.
Um sich das vorzustellende Wärmegefühl in der Haut unmittelbar zu vergegenwärtigen, sind verschiedene kleine Versuche denkbar:

TIPP

Eine einfache Möglichkeit, die die Aufmerksamkeit gleich in die Hände und Arme lenkt, besteht darin, die Arme bis zu den Ellenbogen in Wasser zu tauchen, dessen Temperatur über der des Körpers liegt. Die Gefäße weiten sich und ein auch von innen unterstütztes Wärmegefühl breitet sich aus. Es gilt wiederum, sich dieses Gefühl einzuprägen und es in die Übung mitzunehmen.

Dem für die Wärmeübung gewählten Symbol liegt die Erfahrung wohlig wärmender Sonnenstrahlen zu Grunde. Welche Assoziationen wollen Sie sich zur Unterstützung der Vorstellung des Wärmegefühls wählen?
Suchen Sie sich wieder eine eigene Bildidee, eine Klangerfahrung oder eine Situation, die Sie mit der Wärmeempfindung verbinden. Versuchen Sie die gewählte Assoziation möglichst auf ein leicht zu erinnerndes Symbol zu verdichten. Manche Menschen stellen sich beispielsweise vor an einem Kaminfeuer zu liegen. Die von der Glut abstrahlende Wärme füllt den Raum und ist auf der Haut spürbar. Eine symbolisch verdichtete Vorstellung könnte hier das Knistern des verbrennenden Holzes sein.
Jeder neue Übungsschritt des autogenen Trainings baut immer auf den vorhergehenden auf. Wenn Sie jetzt die Wärmeübung hinzunehmen, behalten Sie also den ersten Übungsteil, die Schwereempfindung, bei. Wahrscheinlich gelingt es Ihnen inzwischen auch sich die Schwere in beiden Armen vorzustellen und die Schwereempfindung auf beide Arme zu erweitern.
Auch für die Wärmeübung werden wieder Formelvorschläge gemacht, die Sie sich in Gedanken vorsprechen und die Sie mit Ihren Bildern und Symbolen unterstützen. Legen Sie die Formeln in die Ausatmung. Die ganze Übung dauert nun schon etwas länger als zuvor.

Einleitung
Nehmen Sie eine bequeme Entspannungshaltung ein und sorgen Sie für geeignete Bedingungen. Schließen Sie die Augen.

Ruhetönung
Sprechen Sie sich in Gedanken die folgende Formel vor und werden Sie ganz ruhig dabei:
Ich bin ruhig, ganz ruhig und entspannt.

Schwere
Richten Sie Ihre Aufmerksamkeit zuerst auf Ihre Arme. Sprechen Sie sich in Gedanken etwa 5-mal die folgende Formel vor und nehmen Sie wahr, wie Ihre Arme langsam schwer werden:
Beide Arme sind schwer, angenehm schwer.

Ruhetönung
Wenn Sie die Schwere in Ihren Armen spüren, versuchen Sie weiter alles hinter sich zu lassen. Nehmen Sie Abstand und lösen Sie sich. Sprechen Sie in Gedanken:
Ich bin ruhig, ganz ruhig und entspannt.

Wärme
Richten Sie Ihre Aufmerksamkeit auf Ihren rechten oder linken Arm. Nehmen Sie nur den Arm wahr. Sagen Sie sich die folgende Formel langsam und etwa 5-mal in Gedanken vor und stellen Sie sich das Gefühl der Wärme vor.
Der rechte (linke) Arm ist warm, wohlig warm.
Nehmen Sie die Wärme in Ihrem Arm ganz bewusst wahr.

Zurücknahme
Nehmen Sie den Entspannungszustand zurück, indem Sie wie gewohnt den folgenden Formeln entsprechend handeln:
Arme fest,
tief atmen,
Augen auf.

Erinnerung
Rufen Sie sich nach der Übung die gemachten Erfahrungen in Erinnerung. Haben Sie die Schwere schon in beiden Armen empfunden? Fiel es Ihnen leicht Ihre Aufmerksamkeit zu lenken? Treten die Umgebungsgeräusche bereits in den Hintergrund und beginnen sich Ihre Gedanken zunehmend zu beruhigen? Konnten Sie sich Wärme vorstellen? Wo war die Wärme eher zu spüren, im Arm oder in der Hand?

Führen Sie die erweiterte Übung wieder zweimal täglich an den von Ihnen bestimmten Punkten im Tagesablauf durch. Die Übungszeit ist nun etwas länger. Während der Wärmeübung nehmen Sie vielleicht ein leichtes Kribbeln in Hand und Arm wahr. Dieses Kribbeln geht mit der verstärkten Durchblutung und dem Wärmegefühl einher. Achten Sie beim Zurücknehmen einmal auf Ihre Hand. Wenn Sie die Hand zur Faust ballen, fühlt sie sich leicht geschwollen an. Wenn Sie einen Ring tragen, sitzt er jetzt fester. Die erhöhte Blutmenge in der Haut macht sich auf diese Weise bemerkbar.

Atemübung (3. Woche)

Welchen Übungsfortschritt hat Ihnen die zweite Woche gebracht? Unter welchen Bedingungen gelingt es Ihnen besonders gut sich zu entspannen? Ist es bereits vorgekommen, dass Ihnen das bloße Einnehmen Ihrer Entspannungshaltung Ruhe bringt? Fallen Ihnen jetzt schon spontan die von Ihnen verwandten Formeln und Symbolvorstellungen ein, wenn Sie an das autogene Training denken?
In der dritten Übungswoche ändert sich die Form der Übung. Die gezielte Veränderung von Körpervorgängen tritt in den Hintergrund. Die nächste Übung unterstreicht dagegen jedoch den Anteil der Schulung der gezielten Körperwahrnehmung im autogenen Training.
In der Entspannung nimmt die Tiefe der Atmung ab, sie wird ruhiger und äußert sich nur noch durch ein gleichmäßiges Heben und Senken der Bauchdecke. Bei der Atmung kann man unterscheiden zwischen einer willkürlichen, absichtlichen und einer unwillkürlichen, autonom ablaufenden Atmung. Wir können unseren Atemrhythmus bewusst jederzeit verändern. Dies wird zum Beispiel gezielt trainiert, wenn man ein Blasinstrument erlernt. Auch viele Formen meditativer Körperübungen oder einige körpertherapeutische Verfahren bauen bewusste Atemübungen ein. Im autogenen Training geht es dagegen einfach um die reine Wahrnehmung und Beobachtung des unwillkürlichen selbsttätigen Atemrhythmus.
Wenn wir schlafen oder unsere Aufmerksamkeit nicht auf den

Körper richten, wird die Atmung vom vegetativen Nervensystem jeweils automatisch dem Sauerstoffbedarf des Körpers angepasst.
Hier gilt wieder die Feststellung, dass das vegetative Nervensystem unser Bewusstsein entlastet, indem es gewissermaßen die Verantwortung für einige lebenserhaltende Vorgänge übernimmt. Im autogenen Training wird nun die Aufmerksamkeit auf die Atmung gelenkt und zugeschaut, wie die Luft beim Atmen ganz von allein in den Körper hereinstreicht und ihn beim Ausatmen wie von selbst wieder verlässt.
Zur Vergegenwärtigung der unwillkürlichen Atmung ist es hilfreich, einfach ab und zu während einer fesselnden Tätigkeit auf die Atmung zu achten. Der Unterschied zur bewussten Atmung wird dabei schnell deutlich.
Bei dem für die Atemübung gewählten Symbol ist an eine Wellenbewegung gedacht. Das gleichmäßige Auf und Ab einer Wasseroberfläche oder das Anbranden und Sichzurückziehen des Meeres am Strand entspricht dem Rhythmus der unwillkürlichen Atmung. Welche Assoziation wollen Sie sich für die Beobachtung des Atemrhythmus wählen? Suchen Sie eine eigene Bildidee, eine Klangerfahrung oder eine Situation, die Sie mit dem Ein und Aus der Atmung verbinden. Verdichten Sie die gewählte Assoziation möglichst auf ein leicht zu erinnerndes Symbol.
Wenn Sie jetzt die Atemübung in Ihr Trainingsprogramm aufnehmen, behalten Sie wieder die ersten beiden Grundübungen bei. Sie können die Schwerevorstellung, wenn es Ihrem Übungsstand entspricht, nun auch auf die Beine ausdehnen und versuchen die Wärme in beiden Armen wahrzunehmen. Manchen Menschen fällt es sogar leichter ihre Aufmerksamkeit auf beide Arme zu richten.
Auch für die Atemübung gibt es Formelvorschläge, die Sie sich in Gedanken vorsprechen und mit Ihrem Bild unterstützen sollten. Die Übungsdauer dehnt sich natürlich durch den neuen Teil weiter aus. Denken Sie jedoch daran, nie länger zu üben, als es Ihnen angenehm ist.

Einleitung

Nehmen Sie eine bequeme Entspannungshaltung ein und sorgen Sie um sich herum für geeignete Bedingungen. Schließen Sie die Augen.

Ruhetönung
Während Sie beginnen sich auf Ihr Training einzulassen, sprechen Sie sich die folgende Formel in Gedanken vor:
Ich bin ruhig, ganz ruhig und entspannt.

Schwere
Richten Sie zuerst Ihre Aufmerksamkeit auf Ihre Arme und Beine. Sprechen Sie sich dabei in Gedanken etwa 5-mal die folgende Formel vor:
Arme und Beine sind schwer, angenehm schwer.

Ruhetönung
Wenn Sie die Schwere in Armen und Beinen wahrnehmen, versuchen Sie alles hinter sich zu lassen. Nehmen Sie Abstand und lösen Sie sich von allem. Sprechen Sie sich vor:
Ich bin ruhig, ganz ruhig und entspannt.

Wärme
Richten Sie Ihre Aufmerksamkeit nun auf Ihre Arme. Stellen Sie sich dort eine wohlige Wärme vor und sprechen Sie sich in Gedanken etwa 5-mal vor:
Beide Arme sind warm, wohlig warm.

Ruhetönung
Ihre Arme und Beine sind nun schwer und Ihre Arme durchflutet eine angenehme Wärme. Um sich noch weiter zu entspannen, sprechen Sie sich wieder in Gedanken vor:
Ich bin ruhig, ganz ruhig und entspannt.

Atmung
Richten Sie nun Ihre Aufmerksamkeit auf die Atmung. Spüren Sie, wie die Luft beim Einatmen ganz von allein in Ihren Körper streicht und ihn beim Ausatmen wie von selbst verlässt. Beobachten Sie einfach das gleichmäßige Ein und Aus des Atems und sprechen Sie in Gedanken etwa 5-mal:
Ich überlasse mich dem Rhythmus des Atems.
Der Atem geht ruhig und gleichmäßig.
Nehmen Sie Wärme und Schwere bewusst wahr und geben Sie sich ganz dem gleichmäßigen Rhythmus Ihrer Atmung hin, bevor Sie die Übung abschließen.

Zurücknahme
Nehmen Sie den Entspannungszustand zurück, indem Sie sich, wie gewohnt, die folgenden Formeln in Gedanken vorsprechen

und entsprechend nach ihnen handeln:
Arme fest,
tief atmen
Augen auf.

Erinnerung

Rufen Sie sich nach der Übung wieder die gemachten Erfahrungen in Erinnerung. Wie leicht ist es Ihnen gefallen dem Atem zuzuschauen? Haben Sie einen Zusammenhang zwischen Ausatmen, Wärme und Schwere empfunden?

Führen Sie die erweiterte Übung wieder zweimal täglich an den von Ihnen bestimmten Punkten im Tagesablauf durch.
Vielleicht haben Sie während der Übung ganz neue Empfindungen. Es kann sein, dass Sie zum Beispiel das Gefühl haben leicht im Rhythmus des Atems zu schaukeln. Möglicherweise verändert sich sogar der Eindruck körperlicher Schwere in eine Empfindung von Schweben oder Leichtigkeit. Alle diese Erfahrungen sind ein Zeichen dafür, dass Sie sich bereits weitgehend entspannen können. Wenn die Entspannung der Muskulatur sehr tief ist, geben die Sinnesorgane für die Körperlage, die sich in den Muskeln und Sehnen befinden, keine Meldung mehr ans Gehirn. Das Empfinden für die Lage der Gliedmaßen wird aufgehoben und kleine Bewegungstäuschungen oder der Eindruck von Schwerelosigkeit werden möglich.
Vielleicht ist Ihnen schon aufgefallen, dass Sie beim Üben mehr Speichel im Mund haben oder dass Ihr Magen anfängt zu knurren. Auch dies belegt, dass die vegetative Umschaltung in den Erholungszustand schon weitgehend vonstatten geht. Speichelfluss und Magenknurren sollten Sie als Beifall ansehen, den der Körper für den Übungserfolg spendet. Das durch den Speichelfluss möglicherweise auftretende verstärkte Schlucken verliert sich wieder, wenn Sie die Entspannung noch vertiefen. Eine ebenfalls harmlose Beobachtung, die Sie vielleicht schon vorher gemacht haben, ist das Auftreten eines unwillkürlichen Muskelzuckens, wie es manchmal auch beim Einschlafen vorkommt. Geräusche und Gedanken treten allgemein während des Übens mehr und mehr in den Hintergrund.
Wenn Sie die Entspannungsübung vor dem Einschlafen durchführen, denken Sie daran,

das Zurücknehmen wegzulassen. Gleiten Sie einfach in den Schlaf hinüber. Wie Sie sicher wissen, ist es auch möglich, sich am Abend auf die Uhrzeit einzustellen, an der man am Morgen aufwachen möchte. Dieses Phänomen der „Kopfuhr" ist nach einigem Ausprobieren recht zuverlässig. Da die Dauer Ihrer Entspannungsübung nun schon etwas länger wird, können Sie die „Kopfuhr" auch dafür einsetzen, den Zeitpunkt des Zurücknehmens zu bestimmen. Stellen Sie sich einfach am Anfang der Übung die Uhrzeit vor, an der Sie die Übung beenden möchten und führen Sie die Übung dann wie gewohnt durch. Wenn Sie nach der Übung auf die Uhr schauen, lassen Sie sich überraschen, wie genau Sie die Zeit eingehalten haben.

Herzübung (4. Woche)

Mit den drei Grundübungen Schwere, Wärme und Atmung sind Sie in der Lage die vegetative Umschaltung in den Erholungszustand weitgehend zu erreichen. Das autogene Training wird durch dies Übungen schon zu einem vollwertigen inneren Ruheraum. Haben Sie im Trubel des Alltags schon einmal daran gedacht, diese Ruhe zu suchen? Für die letzten drei Grundübungen des autogenen Trainings gilt die bereits auf Seite 35/36 erwähnte leichte Einschränkung für Menschen, die ganz allein diese Technik erlernen. Wenn Sie also Herz- oder Kreislaufprobleme, akute Magen-Darm-Beschwerden oder Migräne haben, sollten Sie, bevor Sie mit den folgenden Übungen beginnen, mit Ihrem Arzt sprechen.

In der vierten Übungswoche kommt die Herzübung hinzu, die, wie die Atemübung, auf die bloße Beobachtung eines Körpergeschehens ausgerichtet ist. Vergleichbar der ruhiger werdenden Atmung, nimmt in der Entspannung auch die Aktivität des Herzens ab, der Herzschlag wird nach und nach ruhiger. Seine Anpassung an die Bedingungen der Entspannung findet ganz von allein statt.

Aus Erfahrung wissen wir, dass sich bei körperlicher Anstrengung oder bei Aufregung das Tempo des Herzschlages erhöht und wir das Herz mitunter „bis in den Hals hinein" spüren. Dass der Rhythmus eines ruhigen Herzschlages etwas mit Entspannung zu tun hat, ist uns aus einem ganz anderen Zusammenhang geläufig: Wenn wir ein Kind in den Schlaf wiegen, ahmen wir zur Beruhigung ganz automatisch den langsamer werdenden Herzrhythmus nach, meist mit unmittelbarem Erfolg.

TIPP

- **Zur Vergegenwärtigung des eigenen Herzschlages empfiehlt J. H. Schultz folgenden Versuch:**
- **Nehmen Sie die liegende Entspannungshaltung ein. Lagern Sie Ihren rechten Ellenbogen auf ein Kissen und legen Sie die rechte Hand über Ihrem Herzen auf die Brust. Sie können so den Herzschlag an der Handfläche spüren.**

Gehen Sie nun mit der Gewissheit dieser Empfindung an anderen Körperstellen auf die Suche. Erspüren Sie den Herzschlag überall, wo eine große Schlagader entlangführt, zum Beispiel im Bauchbereich oder am Hals. Richten Sie Ihre Aufmerksamkeit auf die besonders empfindsamen Fingerspitzen und nehmen Sie dort den Puls wahr.

TIPP

- **Auf der Grundlage der Empfindsamkeit der Fingerspitzen ergibt sich noch ein weiterer, sicherer Versuch zur Wahrnehmung des Herzrhythmus:**
- **Legen Sie die Fingerspitzen von Daumen und Zeigefinger einer Hand zusammen. Daumen und Zeigefinger formen ein „O". Erhöhen Sie ganz langsam den Druck der Fingerspitzen aufeinander. Nach einigem Probieren können Sie den Puls deutlich in den Fingerspitzen fühlen.**

Das Herz ist ein Symbol für die Kräfte unseres Gemüts: Wir sprechen von Herzlichkeit, Herzhaftigkeit, Herzenswärme, Herzensbildung, wir übermitteln herzliche Grüße. Die Herzenskräfte erhalten unser Leben vielleicht mehr noch als die Kräfte des Willens. Das Herz ist das unablässig versorgende Zentrum des Lebens. Mit der Beobachtung des Herzschlages können wir eintauchen in die Sicherheit einer umfassenden Geborgenheit und Ruhe.
Ergänzen Sie die ersten drei Grundübungen um die Herzübung. Die Schwere spüren Sie in der Zwi-

schenzeit vielleicht schon im ganzen Körper. Die Wärme können Sie möglicherweise bereits in Armen und Beinen wahrnehmen. Sprechen Sie sich die vorgeschlagenen Formeln in Gedanken vor. Die Übungsdauer liegt nun bei etwa 15 Minuten. Denken Sie daran, nie länger zu üben als Ihnen angenehm ist.

Einleitung
Nehmen Sie eine bequeme Entspannungshaltung ein und sorgen Sie für geeignete Bedingungen. Schließen Sie die Augen.

Ruhetönung
Während Sie ganz ruhig werden, sprechen Sie sich in Gedanken vor:
Ich bin ruhig, ganz ruhig und entspannt.

Schwere
Richten Sie Ihre Aufmerksamkeit auf Ihren Körper und sprechen Sie sich die folgende Formel in Gedanken etwa 5-mal vor:
Der Körper ist schwer, angenehm schwer.

Ruhetönung
Während Sie die Schwere in Ihrem Körper fühlen, versuchen Sie sich weiter zu entspannen und zur Ruhe zu kommen. Sprechen Sie sich in Gedanken vor:
Ich bin ruhig, ganz ruhig und entspannt.

Wärme
Richten Sie Ihre Wahrnehmung nun besonders auf Ihre Arme und Beine und spüren Sie, wie sich mit Ihrer Vorstellung eine wohlige Wärme darin ausbreitet. Sprechen Sie in Gedanken etwa 5-mal:
Arme und Beine sind warm, wohlig warm.

Ruhetönung
Nachdem sich die Schwere in Ihrem Körper ausgebreitet hat und Sie eine wohlige Wärme in Armen und Beinen erfahren haben, versuchen Sie noch ruhiger zu werden. Sprechen Sie in Gedanken:
Ich bin ruhig, ganz ruhig und entspannt.

Atmung
Richten Sie Ihre Wahrnehmung nun auf die Atmung und spüren Sie dem gleichmäßigen Ein und Aus der Luft nach. Sprechen Sie sich in Gedanken die folgenden Formeln etwa 5-mal vor und unterstützen Sie sie mit Ihrer Vorstellung:

Ich überlasse mich dem Rhythmus des Atems.
Der Atem geht ruhig und gleichmäßig.

Herz

Suchen Sie mit Ihrer Aufmerksamkeit irgendwo in Ihrem Körper den Schlag des Herzens oder nehmen Sie zum Beispiel in den Fingerspitzen Ihren Puls wahr. Stellen Sie sich vor, wie mit dem Blut die Wärme im ganzen Körper verteilt wird. Sprechen Sie dazu in Gedanken etwa 5-mal:
Der Puls ist ruhig und fest.
Geben Sie sich ganz dem Rhythmus Ihres Herzschlags hin und genießen Sie die Ruhe und Geborgenheit, die von ihm ausgeht, bevor Sie die Übung wie gewohnt beenden.

Zurücknahme

Nehmen Sie den Entspannungszustand mit den Formeln zurück:
Arme fest,
tief atmen,
Augen auf.

Erinnerung

Rufen Sie sich nach der Übung, wie gewohnt, die gemachten Erfahrungen in Erinnerung. Können Sie Ihren Herzschlag oder den Puls schon an mehreren Stellen wahrnehmen? Ist Ihnen aufgefallen, dass Sie den Herzschlag oder den Puls beim Ausatmen ein wenig deutlicher erleben können?

Führen Sie die erweiterte Übung wieder zweimal täglich an den von Ihnen bestimmten Punkten im Tagesablauf durch. Sie werden feststellen, dass es Ihnen zunehmend möglich ist das Empfinden der Druckwelle des Herzens auf den ganzen Körper auszudehnen. Manche Menschen, insbesondere wenn sie einen niedrigen Blutdruck haben, nehmen Herzschlag oder Puls erst nach einer ganzen Weile wahr. Lassen Sie sich Zeit. Da Sie nun bereits einige Übung mit dem autogenen Training haben, können Sie anfangen die bislang eingehaltenen Bedingungen spielerisch zu verändern. Probieren Sie andere Körperhaltungen aus. Richten Sie Ihre Aufmerksamkeit in einer Alltagssituation kurz auf das Schweregefühl in den Armen. Gönnen Sie sich zwei, drei Minuten der Ruhe mitten im Verlauf Ihrer Tätigkeiten. Erinnern Sie sich an die Ziele und Wünsche, die Sie bei der Beantwortung der Standortfragen beschrieben haben.

Leibübung (5. Woche)

Zusammen mit der noch folgenden sechsten Übung dient die Leibübung der Vertiefung des bisher Erreichten. Durch sie werden die Elemente der vegetativen Umschaltung abgerundet.

Wenn der Körper von Leistungsbereitschaft auf Erholung umschaltet, regt dies alle Körperprozesse an, die dem Wiederaufbau verbrauchter Reserven dienen. Die Verdauung ist dabei ein wesentliches Element. Neben dem verstärkten Speichelfluss wird durch das autogene Training besonders der Magen-Darm-Trakt aktiviert. Die Durchblutung in diesem Bereich wird stärker, Verdauungssäfte werden ausgeschüttet und die autonomen Bewegungen von Magen und Darm nehmen zu. Diese gesteigerte Verdauungstätigkeit spürt man als strömende Wärme in der Tiefe des Leibes und als ein leichtes Bewegungsgefühl. Die Vorstellung dieses strömend bewegten Wärmegefühls ist Gegenstand der fünften Grundübung.

Die vegetative Umschaltung in den Erholungszustand verwirklicht sich nicht zwangsweise in der vorgegebenen Reihenfolge der sechs Grundübungen, sondern entsteht mehr oder weniger als zusammenhängendes, gleichzeitiges Muster. Die Verbindung von Entspannung und Aktivität im Magen-Darm-Bereich ist Ihnen daher möglicherweise schon über das Magenknurren, das die Entspannung begleitet, bekannt; diese Erfahrung erleichtert den Lernerfolg bei der vorliegenden Übung. Das sich vom Magen her ausbreitende Gefühl von Wärme, das die Einnahme eines heißen Getränkes begleitet, kommt der vorzustellenden Empfindung vielleicht noch am nächsten. Alkohol zum Beispiel löst an den Magenwänden direkt eine Weitung der Blutgefäße und damit eine erhöhte Durchblutung aus. Auch beim Trinken von Alkohol entsteht ein Wärmegefühl.

Wir reden im Zusammenhang mit der Übung vom wohligen Verdauen: Während der Entspannung erholt sich der ganze Körper. Reserven werden aufgefüllt. Bei der Verdauung nimmt sich der Körper, was er braucht.

Fügen Sie Ihrem gewohnten Übungsablauf die Leibübung hinzu. Nach der Schwere können Sie dabei auch die Wärmevorstellung auf den ganzen Körper ausdehnen. Sprechen Sie sich die vorgeschlagenen oder von Ihnen geänderten Formeln in Gedanken vor. Die Übungsdauer liegt nun sicher schon bei 15 Minuten oder mehr, doch trainieren Sie nach wie vor stets nur so lange, wie es Ihnen angenehm ist.

Einleitung
Nehmen Sie eine bequeme Entspannungshaltung ein und sorgen Sie für geeignete Bedingungen. Schließen Sie die Augen.

Ruhetönung
Lassen Sie alle Anspannung los, werden Sie ruhig und sprechen Sie in Gedanken:
Ich bin ruhig, ganz ruhig und entspannt.

Schwere
Richten Sie Ihre Aufmerksamkeit nach innen, auf Ihren Körper. Sprechen Sie zur Unterstützung Ihrer Vorstellung etwa 5-mal in Gedanken:
Der Körper ist schwer, angenehm schwer.

Ruhetönung
Nachdem Sie die Schwere in Ihrem Körper haben Raum finden lassen, versuchen Sie sich weiter zu entspannen und wiederholen Sie in Gedanken die Formel:
Ich bin ruhig, ganz ruhig und entspannt.

Wärme
Nehmen Sie bewusst Ihren Körper wahr und die Wärme, die sich nach Ihrer Vorstellung darin ausbreitet. Sprechen Sie sich in Gedanken etwa 5-mal vor:
Der Körper ist warm, wohlig warm.

Ruhetönung
Sie haben die angenehme Wärme in Ihrem Körper gespürt und genossen. Vertiefen Sie jetzt die Ruhe, lassen Sie alles hinter sich und sprechen Sie sich in Gedanken vor:
Ich bin ruhig, ganz ruhig und entspannt.

Atmung
Richten Sie Ihre Wahrnehmung auf Ihre Atmung und genießen Sie den ruhigen, gleichmäßigen Rhythmus. Sprechen Sie in Gedanken etwa 5-mal die folgende Formel:
Ich überlasse mich dem Rhythmus des Atems.
Der Atem geht ruhig und gleichmäßig.

Herz

Richten Sie Ihre Aufmerksamkeit irgendwo im Körper auf den Herzschlag und nehmen Sie ganz bewusst Ihren Puls wahr. Spüren Sie wie mit dem Blut noch mehr Wärme im Körper verteilt wird und sprechen Sie in Gedanken etwa 5-mal:
Der Puls ist ruhig und fest.

Leib

Richten Sie nun Ihre Aufmerksamkeit auf den Bereich zwischen Bauchnabel und unterem Rippenbogen. Stellen Sie sich dabei vor, dass Ihr Atem beim Ausatmen nicht aus der Lunge heraus-, sondern warm in den Leib hineinströmt. Sprechen Sie sich in Gedanken etwa 5-mal die folgende Formel vor und spüren Sie dabei, wie sich Ihr Leib mit angenehmer Wärme füllt:
Der Leib ist strömend warm.
Genießen Sie die wohlige Wärme in Ihrem Bauch, unterstützt vom gleichförmigen Atem und dem Rhythmus Ihres Herzschlags, bevor Sie die Übung beenden.

Zurücknahme

Nehmen Sie den Entspannungszustand zurück nach den gewohnten Formeln:
Arme fest,
tief atmen,
Augen auf.

Erinnerung

Rufen Sie sich nach der Übung, wie gewohnt, die gemachten Erfahrungen in Erinnerung.

Führen Sie die erweiterte Übung wieder zweimal täglich an den von Ihnen bestimmten Punkten im Tagesablauf durch.

Stirnübung (6. Woche)

Die sechste Grundübung des autogenen Trainings schränkt das Wärmegefühl in einem Körperbereich ein: Der Kopf bleibt angenehm kühl, frisch und klar. Die prinzipiell günstige Verbindung zwischen einem eher kühlen Kopf und Entspannung sowie körperlichem Wohlgefühl drückt sich bereits in Redewendungen und Sprichwörtern aus, wie „Bewahre einen kühlen Kopf“ oder „Den Kopf halt kühl, die Füße warm, das macht den besten Doktor arm“. Die Kühlung der Stirn ist auch von alters her ein Mittel der Linderung und Heilung.

Die Vorstellung einer leicht kühlen Stirn schließt die Grundübungen des autogenen Trainings ab.

TIPP

- **Für die Vorstellung der Stirnkühle erinnern Sie sich an einen frischen Luftzug in der Hitze eines Sommertages oder an die Wohltat, in einem heißen Bad zu liegen, wenn der Kopf im Unterschied zum Körper angenehm kühl bleibt.**
- **Das Gefühl einer angenehm kühlen Stirn lässt sich sehr einfach erzeugen. Feuchten Sie Ihre Stirn mit einem in Wasser getränkten Läppchen ein wenig an. Schließen Sie die Augen und vergegenwärtigen Sie sich die Verdunstungskühle.**

Fügen Sie dem bereits gewohnten Übungsablauf die Stirnübung hinzu. Beim Üben durchlaufen Sie eine feste Reihenfolge: Schwere, Wärme, Atmung, Herz, Leib, Stirn. Nehmen Sie die Stirnkühle eher wie nebenbei wahr. Sprechen Sie sich die Formeln in Gedanken vor. Die gesamte Übung kann nun bis zu 20 Minuten dauern, aber trainieren Sie nur so lange, wie es Ihnen angenehm ist.

Einleitung
Nehmen Sie eine bequeme Entspannungshaltung ein und sorgen Sie um sich herum für geeignete Bedingungen. Schließen Sie die Augen.

Ruhetönung
Sie beginnen sich zu entspannen, lassen alle Anstrengung los, werden ruhig und sprechen sich in Gedanken vor:
Ich bin ruhig, ganz ruhig und entspannt.

Schwere
Richten Sie Ihre Aufmerksamkeit auf Ihren Körper und unterstützen Sie die Vorstellung von Schwere in ihm durch das etwa 3-malige gedankliche Sprechen der Formel:
Der Körper ist schwer, angenehm schwer.

Ruhetönung
Nachdem sich die Schwere in Ihrem Körper angenehm ausgebreitet und ganz von ihm Besitz ergriffen hat, vertiefen Sie Ihre Ruhe mit der Formel:
Ich bin ruhig, ganz ruhig und entspannt.

Wärme
Nehmen Sie Ihren Körper ganz bewusst wahr und stellen Sie fest, wie sich nach Ihrer Vorstellung eine angenehme Wärme in Ihnen breit macht. Sprechen Sie etwa 3-mal in Gedanken:
Der Körper ist warm, wohlig warm.

Ruhetönung
Sie genießen die Schwere und die Wärme in sich und entspannen noch weiter, indem Sie sich in Gedanken vorsprechen:
Ich bin ruhig, ganz ruhig und entspannt.

Atmung
Richten Sie Ihre Wahrnehmung auf Ihre Atmung und genießen Sie deren gleichförmiges Strömen. Sprechen Sie in Gedanken etwa 3-mal:
Ich überlasse mich dem Rhythmus des Atems.
Der Atem geht ruhig und gleichmäßig.

Herz
Nun nehmen Sie ganz bewusst Ihren Herzschlag wahr und beobachten, wie sich der Puls anfühlt. Dabei sprechen Sie im Geist etwa 3-mal:
Der Puls ist ruhig und fest.

Leib
Nun konzentrieren Sie Ihre Aufmerksamkeit auf den Bereich zwischen Bauchnabel und unterem Rippenbogen. Sprechen Sie in Gedanken etwa 3-mal die folgende Formel, unterstützen Sie sie mit Ihrer Vorstellung:
Der Leib ist strömend warm.

Stirn
Richten Sie Ihre Aufmerksamkeit nun auf den Bereich oberhalb der Nasenwurzel bis zwei Finger breit über den Augenbrauen. Stellen Sie sich vor, dass die Luft beim Einatmen leicht und angenehm kühl an der Stirn vorbeizieht. Sprechen Sie in Gedanken etwa 5-mal:
Die Stirn ist angenehm frisch und klar.
Genießen Sie die Wohltat der angenehm kühlen Stirn und geben Sie sich ganz dem Zustand der Entspannung hin, bevor Sie Ihre Übung beenden.

Zurücknahme
Nehmen Sie die Entspannung in der gewohnten Form zurück nach dem Muster:
Arme fest,
tief atmen,
Augen auf.

Erinnerung
Rufen Sie sich nach der Übung die gemachten Erfahrungen in Erinnerung.

Führen Sie die erweiterte Übung wieder zweimal täglich an den von Ihnen bestimmten Punkten im Tagesablauf durch.

Sie haben nun die sechs Grundübungen des autogenen Trainings als Zugang zur willkürlichen Umschaltung in den Erholungszustand und als inneren Ruheraum kennen gelernt. Entspannungshaltungen und der Übungsablauf sind Ihnen vertraut geworden:
Die Schwereübung ermöglicht die Entspannung der Skelettmuskulatur. In der Wärmeübung weiten sich die Blutgefäße der Haut. Die Beobachtung des Atemrhythmus und des Herzschlages beruhigt und schafft Abstand. Die Leibübung fördert die Verdauungstätigkeit und baut auf. Die Stirnübung erhält einen klaren, wachen Kopf. Körper und Geist genießen die Ruhe und die gute Versorgung.
Das Gelingen der Übungen wird auch für Sie selbst an einer Reihe von Erfolgsmerkmalen spürbar.
Schon nach kurzem Üben entsteht das vorgestellte Gefühl von Schwere, die Gliedmaßen scheinen an der Unterlage zu haften und man möchte die zu Beginn der Übung einmal eingenommene Haltung nicht mehr ändern.
Umgebungsgeräusche und nicht übungsbezogene Gedanken treten mehr und mehr in den Hintergrund. Die Haut fängt leicht an zu kribbeln und ein wohliges Wärmegefühl entsteht. Der Speichelfluss verstärkt sich, aber der Schluckreflex geht zurück. Gelegentlich wird Magenknurren hörbar.
Mit steigender Übung kann sich das Schweregefühl in ein Gefühl von Körper- und Gewichtslosigkeit umkehren. Die genaue Lage von Armen und Beinen wird nicht mehr wahrgenommen und manchmal entsteht der Eindruck sachter Körperbewegungen. Der Kopf ist kühl und der Körper wird bis in die Tiefe des Leibes warm und pulsend durchströmt. Die Aufmerksamkeit ist ganz nach innen gerichtet.
Das unmittelbare Zeitgefühl geht verloren, mit der „Kopfuhr“ ist man aber dennoch in der Lage die Übungsdauer recht genau zu bestimmen. Die Dauer einer Übung kann in der langen Form bis zu 20 Minuten betragen. Im Laufe

der nächsten Monate des Übens wird das autogene Training auf eine unmittelbar im Alltag zu verwendende Kurzfassung reduziert.

GRUNDÜBUNGEN AT

Ich bin ruhig, ganz ruhig und entspannt

Der Körper ist schwer, angenehm schwer

Der Körper ist warm, wohlig warm

Ich überlasse mich dem Rhythmus des Atems
Der Atem geht ruhig und gleichmäßig

Der Puls ist ruhig und fest

Der Leib ist strömend warm

Die Stirn ist angenehm frisch und klar

Arme fest
tief atmen
Augen auf

Erweiterungen

Fürchte dich nicht vor dem langsamen Vorwärtsgehen, fürchte dich nur vor dem Stehenbleiben.
Chinesische Weisheit

Die Grundübungen des autogenen Trainings sollten sinnvollerweise durch eine Reihe von ergänzenden Hinweisen und Zusatzübungen erweitert werden, die den Einstieg in die einzelnen Übungen erleichtern. Eine auch im Alltag praktikable Kurzform des autogenen Trainings finden Sie im folgenden Abschnitt, ebenso eine Beschreibung der sich mit den Entspannungsübungen einstellenden vertieften Wendung nach innen als Voraussetzung für weitere Lösungswege. Bei den weiterhin angefügten Übungstexten handelt es sich um ausgestaltete Vorschläge, mit deren Hilfe Sie anderen Menschen das autogene Training näher bringen oder die Sie zum Beispiel für eigene übungsunterstützende Tonbänder oder Kassetten benutzen können.

Einstiegserleichterungen

Zur Erleichterung des Einstiegs in die Grundübungen des autogenen Trainings und zur Beschleunigung der vegetativen Umschaltung in den Erholungszustand ist eine Reihe kleiner Hilfen denkbar. Eine davon nutzt beispielsweise die Tatsache, dass eine vor der Entspannung liegende muskuläre Anspannung das Empfinden der Entspannung verstärkt. Hieraus leitet sich die Empfehlung ab, vor Beginn der Schwereübung den Körper kräftig anzuspannen: Bringen Sie sich dazu in Ihre Entspannungshaltung und machen Sie die Muskeln der Arme und Beine hart wie ein Brett. Strengen Sie mit geballten Fäusten Ihre Arme mit ganzer Kraft an. Halten und spüren Sie die Anspannung. Nach einigen Sekunden lassen Sie los, schließen die Augen und genießen das Gefühl der Entspannung.

Eine abgewandelte Form der Hilfe, die letztlich auf dem gleichen Grundgedanken fußt, ist der Einstieg über absinkende Arme. Für diesen Einstieg heben Sie am Anfang der Übung zu der Entspannungshaltung beide Arme an, sodass sie frei gehalten werden müssen. Schließen Sie die Augen und spüren Sie einige Sekunden die sich langsam steigernde Anspannung. Stellen Sie sich vor, dass die Arme von einem zusätzlichen Gewicht, das auf den Händen liegt oder am Handgelenk befestigt ist, nach unten gezogen werden. Geben Sie der Bewegung nach. Mit den absinkenden Armen gehen Sie in die Entspannung über. Wenn die Arme ihre Unterlage erreicht haben, spüren Sie die sich ausbreitende angenehme Schwere und Wärme.

Die dritte Form der Einstiegshilfe erscheint auf den ersten Blick etwas ungewöhnlich, ist jedoch sehr wirkungsvoll. Der Einstieg über die Augen-Innen-Oben-Stellung eignet sich besonders für das Üben unter erschwerten Bedingungen. Stellen Sie sich einen Punkt auf der Stirn über der Nasenwurzel zwischen den Augenbrauen vor. Versuchen Sie diesen Punkt mit geöffneten Augen sozusagen von innen anzuschauen. Sie drehen dafür Ihre Augen stark nach oben und lassen den Blick so nah wie möglich kreuzen. Diese Augenhaltung wird als anspannend erlebt. Versuchen Sie nun, die Augen zu schließen, ohne dabei die Blickrichtung nach innen oben zu verändern. Halten Sie, wenn Ihnen dies gelungen ist, kurz die Luft an. Atmen Sie nach einigen wenigen Sekunden mit einem tiefen Seufzer aus und lassen Sie die Augen dabei in Normalstellung zurückgleiten. Es entsteht das Gefühl eines beschleunigten tiefen Hinabsinkens. Sie sind unmittelbar in der Innenwendung, die das Ergebnis einer gelungenen Entspannungsübung ist. Schweifen Ihre Gedanken während einer Übung ab, können Sie die Augen-Innen-Oben-Stellung auch mit geschlossenen Augen nutzen, um sich zu konzentrieren.

Die Kurzform der Übungen

Ein wesentliches Ziel des autogenen Trainings ist es, in jeder Situation und auch unter ungünstigen Bedingungen schnell und wir-

kungsvoll den Übergang zum Erholungszustand zu erreichen.
Die Möglichkeit des Übens in ganz verschiedenen Entspannungshaltungen ist eine Voraussetzung dazu. Eine andere liegt in der zunehmenden Verkürzung der Entspannungsübung auf wenige Minuten oder sogar Sekunden.
Die bisher schon mehrfach indirekt angesprochene Verbindung der Grunderfahrungen des Erholungszustandes mit der Ausatmung führt zu einer erfolgreichen Kurzform. Werden die Formeln des autogenen Trainings nämlich allgemein in die Ausatmungsphase gelegt, steigert dies das Entspannungsempfinden. Letzteres ist auch bekannt aus der Erleichterung, die ein Stoßseufzer bewirkt.
Die Kurzform des autogenen Trainings wird darüber hinaus immer wirkungsvoller mit fortschreitender Übung. Die Kurzform kann spielerisch schon nach wenigen Wochen des Übens des kompletten Trainingsprogramms versucht werden, da sich dann bereits eine feste Koppelung zwischen Formeln und Entspannung auszubilden beginnt, was Sie sicher auch bei sich schon beobachtet haben.
Die Formeln der Grundstufe des autogenen Trainings werden zu einem Programm für sechs Atemzüge verkürzt. Nach der Einnahme einer bequemen Haltung werden jeweils beim Ausatmen die folgenden Vorstellungen wachgerufen:

schwer
warm
ruhig und entspannt
Leib warm
Kopf kühl
ruhig und entspannt

Atmen Sie für die Zurücknahme ein paar Mal tief durch.

Die Innenwendung

Die Innenwendung der Aufmerksamkeit ist zugleich Voraussetzung und Ergebnis der Entspannung im autogenen Training, bei dem sich der Körper wie im Schlaf erholt und bei dem dennoch das Bewusstsein hellwach ist. Jeder kennt Situationen aus dem Alltag, wo die Umgebung in den Hintergrund tritt und man ganz bei sich selbst ist („Ich war verträumt und gedankenversunken; ich habe die Welt um mich herum ganz einfach vergessen.“).
Dieser Zustand – wenn man sagt, man sei unaufmerksam oder nicht

bei der Sache gewesen – wird häufig eher abgewertet. Ganz in sich selbst zu sein ist jedoch eine hilfreiche und wichtige Fähigkeit.
Das völlige Aufgehen in einem Erlebnis, in Gedanken oder Erinnerungen wird zumeist auch als sehr angenehm erfahren. Anders als bei der normalen, nach außen gerichteten Aufmerksamkeit, bei der die inneren Empfindungen eher blass und bruchstückhaft bleiben, gewinnen Vorstellungen in der Innenwendung eine große Lebhaftigkeit. Diesen Wirklichkeitseindruck haben Vorstellungen sonst nur im Traum.
Neben der körperlichen Entspannung eröffnet die gesteigerte Fähigkeit zur bewussten Innenwendung eine Vielzahl weiterer Wege zur Entdeckung und Entfaltung eigener Möglichkeiten. Einige dieser Lösungswege, die auf der Innenwendung aufbauen, finden Sie im nächsten Kapitel ab der Seite 77 beschrieben.
Die Möglichkeit zusätzliche Lösungswege für Alltagsprobleme über die Innenwendung zu finden, besteht, wenn Vorstellungen zur inneren Wirklichkeit werden. Bei der Darstellung des psychosomatischen Zusammenhangs ist dieses Prinzip bereits beschrieben worden und letztlich baut ja das ganze autogene Training auf ihm auf. Im Erleben lässt sich das Erreichen einer weitgehenden Innenwendung meist recht genau feststellen. Das Zeitgefühl geht verloren, Außengeräusche treten in den Hintergrund, die Gedanken werden bildhaft und assoziativ und häufig werden Farben oder einfache geometrische Muster wahrgenommen.
In der Hirnforschung hat man festgestellt, dass der Übergang zur Innenwendung mit einer verstärkten Aktivität im rechten Teil des Gehirns verbunden ist. Der rechten Gehirnhälfte werden ganzheitlich-bildhafte, geistige Vorgänge zugeordnet, während die linke Hemisphäre eher für das zergliedernd-logische Denken steht.
Achten Sie bei Ihren Entspannungsübungen darauf, ob und wann Sie eine weitgehende Innenwendung erreichen. Versuchen Sie sich zu vergegenwärtigen, an welchen Empfindungen Sie im Einzelnen die vollzogene Innenwendung erkennen.
Die Innenwendung lässt sich am Ende einer Entspannungsübung noch vertiefen. Eine Möglichkeit dazu ist das langsame Zählen von eins bis zehn, wobei jeder Zähl-

schritt genutzt wird, um sich noch weiter zu entspannen oder noch tiefer in sich hineinzuschauen, hineinzuhören oder hineinzufühlen. Eine andere Möglichkeit besteht in der gezielten Wahrnehmung der Entspannung der Gesichtsmuskulatur. Das Gesicht ist die Bühne, auf der wir für die Außenwelt spielen. Wenn das Gesicht entspannt ist, sind wir ganz bei uns selbst.
In die beiden folgenden Übungstexte sind diese Vertiefungsschritte eingebaut. Die Texte sind als zusätzliche Anregung für Ihre eigenen Übungen gedacht. Vielleicht sprechen Sie sich einen davon auf Tonband oder Kassette und lassen sich von der eigenen Stimme in die Innenwendung führen. Wenn Ihnen dies unangenehm ist, bitten Sie eine Ihnen nahe stehende Person, ein Band für Sie zu besprechen, das Sie dann zum Üben benutzen. Wenn Sie bereits Erfahrung mit den Übungstexten haben, können Sie sie auch verkürzen oder umstellen und verändern. Betrachten Sie die Texte als Anregung und Hilfestellung.

Übungstext 1

Der erste Text lehnt sich stark an die Grundübungen des autogenen Trainings an. Die Überschriften dienen nur der Gliederung der Übung und gehören nicht zum Übungstext. Das Sprechtempo sollten Sie dem Übungsverlauf und den persönlichen Vorlieben anpassen.

Einleitung

Wenn etwas einengt – zum Beispiel ein Gürtel, ein Kragenknopf oder die Schuhe – kann ich es *jetzt öffnen* oder *ablegen*; wenn etwas ablenken könnte, kann ich *jetzt Abstand nehmen*. Ich nehme die Haltung ein, von der ich weiß, dass ich in ihr für einige Zeit – *ganz entspannt* – liegen kann, ohne dass irgendetwas stört. Ich kann meine Haltung jederzeit verändern, auch während des Übens. Wichtig ist allein, dass ich mich *wohl fühle*.

Anspannungseinstieg

Zu Beginn spanne ich meine Muskeln an, um die anschließende *Entspannung* umso *deutlicher* und *angenehmer* zu erleben. Ich spanne meinen Körper kurz an, mache mich hart wie ein Brett

– *jetzt* – und halte die Spannung für einige Sekunden. Und ich lasse los, spüre die *sich ausbreitende Entspannung.* Ich spanne alle meine Muskeln noch einmal an – *jetzt* –, halte die Spannung und *entspanne* mich.

Allgemeine Ruhetönung

Ich versuche *Abstand zu gewinnen,* alles hinter mir zu lassen. Etwas in mir soll sich *lösen.* Ich sinke – wie eine Feder, langsam und schaukelnd – *tiefer* und immer *tiefer.* Ich bereite mich darauf vor, *ruhig* zu sein, angenehm *ruhig und entspannt.*

Wenn Gedanken da sind, haben sie ein Recht da zu sein – die Gedanken sind nicht wichtig. Ich stelle mir vor, dass meine Gedanken wie die Oberfläche eines Waldsees sind, in den jemand einen Stein geworfen hat; zuerst bewegt und unruhig, dann immer glatter, bis die Oberfläche einem Spiegel gleicht, *ganz ruhig.* Wenn Geräusche da sind, haben sie ein Recht da zu sein – auch die Geräusche sind nicht wichtig. Ich kann sogar mit den Geräuschen immer noch ein wenig *tiefer in die Entspannung* hineingleiten. Ich bin *ganz ruhig, angenehm ruhig* und *entspannt.*

Von außen nach innen

Und während ich so daliege oder dasitze – mit beginnender *Ruhe und Entspannung* –, richte ich meine *Aufmerksamkeit* mehr und mehr *von außen nach innen.* Zu Beginn nehme ich noch den Raum wahr, der mich umgibt; so, wie man auch mit geschlossenen Augen etwas wahrnimmt. Dann richte ich meine Aufmerksamkeit mehr auf mich selbst, gehe irgendwie tiefer in mich hinein. Ich spüre die Kleidung auf der Haut, fühle, wo die Kleidung die Haut freigibt und ich auf angenehme Art mit der Luft in Berührung bin. Und ich gehe noch weiter, noch tiefer in mich hinein. Ich spüre, wie der Körper auf der Unterlage aufliegt. Ich spüre das Gewicht meines Körpers auf der Unterlage.

Schwereübung

Und während ich so daliege oder dasitze, fest und sicher, *ruhig, angenehm ruhig und entspannt,* finde ich heraus, wie und wo mein Körper die Unterlage berührt. Und während ich dies herausfinde, stelle ich mir vor, dass der Körper *schwer* ist, *angenehm schwer:* Und je besser es mir gelingt, mir vorzustellen, dass der Körper *schwer* ist, *angenehm schwer,* desto deutlicher fühle ich, wie und wo der Körper die Unterlage berührt. Und je deutlicher ich dies fühle, desto besser kann ich mir vorstellen, dass der Körper *schwer* ist, a*ngenehm schwer.* Arme und Beine, der ganze Körper ist *schwer, angenehm schwer.* Ich bin *ruhig, gelöst und entspannt.*

Wärmeübung

Und während ich so daliege oder -sitze, *schwer, angenehm schwer und ruhig,* richte ich meine Aufmerksamkeit auf meine beiden Hände. Ich nehme ganz genau beide Hände wahr; wie die Finger die Unterlage und vielleicht auch sich gegenseitig berühren. Und während ich dies wahrnehme, stelle ich mir vor, dass die Hände *warm* sind, *wohlig warm,* so als ob sie von der Sonne bestrahlt würden. Und die *Wärme* breitet sich von den Händen, wie ausgehend von zwei Quellen, über den ganzen Körper aus. Hände und Arme, der ganze Körper ist *warm, wohlig warm.* Ich bin *ruhig, gelöst und entspannt.*

Atemübung

Für eine Weile beobachte ich das gleichmäßige Ein und Aus des Atems. Ich fühle, wie der Atem beim Einatmen – *ganz von selbst* – hereinströmt und beim Ausatmen *erwärmt* den Körper verlässt. Ich überlasse mich einfach dem Atem. Und mit jedem Ausatmen bleibt alles noch ein wenig weiter hinter mir, werde ich noch ein wenig *ruhiger und gelöster:* Der Atem geht *ruhig und gleichmäßig.* Ich überlasse mich dem Rhythmus des Atems. Ich bin *ruhig, gelöst und entspannt.*

Herzübung

Und ich richte meine Aufmerksamkeit auf das angenehme Pulsieren, das den Körper durchströmt. Ich nehme den Rhythmus irgendwo im Körper wahr, vielleicht im Bauchbereich oder in den Fingern. Der Puls geht *ruhig und fest.* Ich bin *angenehm gelöst und entspannt.*

Bauchübung

Ich richte meine Aufmerksamkeit auf den Bauchraum. Tief von innen verbreitet sich ein angenehmes Gefühl *strömender Wärme.* Der Leib ist *strömend warm.*

Stirnkühle

Und ich richte meine Aufmerksamkeit auch noch auf das Gesicht. Ich stelle mir vor, dass sich die Stirn *frisch* anfühlt, so als ob ein leichter Windhauch an ihr vorbeiwehen würde. Die Stirn ist angenehm *frisch und klar.*

Entspannung im Gesicht

Auch das ganze Gesicht ist *entspannt, gelockert und gelöst.* Im Bereich des Mundes: die Muskeln sind *locker, entspannt und gelöst.* Im Bereich der Nase und der Wangen: auch hier sind die Muskeln *locker, entspannt und gelöst.* Im Bereich der Augen und der Stirn, im ganzen Gesicht sind die Muskeln *locker, entspannt und gelöst.*

Innenwendung

Und für eine Weile schaue ich in das gleichmäßige Dunkel vor meinen Augen, lasse den *Gedanken* und *Bildern* freien Lauf und *genieße* einfach das angenehme Gefühl der *Ruhe und Entspannung.*

Zurücknahme

Langsam wende ich meine Aufmerksamkeit wieder von innen nach außen. Ich nehme den Raum wahr, der mich umgibt. Ich nähere mich wieder dem Hier und Jetzt. Und während ich zurückkehre, nehme ich das angenehme Gefühl der *Ruhe* und der *Entspannung* mit, sodass es auch über die Übung hinaus erhalten bleibt. *Arme fest, tief atmen, Augen auf.* Ich bin *entspannt und erfrischt* wie nach einem *erholsamen Schlaf.*

Übungstext 2

Im zweiten Text wird nach der gleichen Einführung eine Reise durch den Körper unternommen, die die Körperwahrnehmung schult und eine tiefe Innenwendung ermöglicht. Die Überschriften dienen wieder nur der Gliederung der Übung. Das Sprechtempo sollten Sie dem eigenen Übungsverlauf und den persönlichen Vorlieben anpassen.

Einleitung

Wenn etwas einengt – zum Beispiel ein Gürtel, ein Kragenknopf oder die Schuhe – kann ich es *jetzt öffnen oder ablegen;* wenn etwas ablenken könnte, kann ich *jetzt Abstand nehmen.* Ich nehme die Haltung ein, von der ich weiß, dass ich in ihr für einige Zeit – *ganz entspannt* – liegen kann, ohne dass irgendetwas stört. Ich kann meine Haltung jederzeit verändern, auch während des Übens. Wichtig ist allein, dass ich mich *wohl fühle.*

Allgemeine Ruhetönung

Ich versuche *Abstand zu gewinnen,* alles hinter mir zu lassen und mich zu *lösen.* Ich sinke, vielleicht wie eine Feder, langsam und schaukelnd – *tiefer und tiefer.* Ich bereite mich darauf vor, *ruhig* zu sein, angenehm *ruhig und entspannt.*

Wenn Gedanken da sind, haben sie ein Recht da zu sein – die Gedanken sind nicht wichtig. Ich stelle mir vor, dass meine Gedanken wie die Oberfläche eines Waldsees sind, in den jemand einen Stein geworfen hat; zuerst bewegt und unruhig, dann immer glatter, bis die Oberfläche einem Spiegel gleicht, *ganz ruhig.* Wenn Geräusche da sind, haben sie ein Recht da zu sein – auch die Geräusche sind nicht wichtig. Ich kann sogar mit den Geräuschen immer noch ein wenig *tiefer in die Entspannung* hineingleiten. Ich bin ganz *ruhig, angenehm ruhig und entspannt.*

Von außen nach innen

Und während ich so daliege oder -sitze – mit beginnender *Ruhe* und *Entspannung* –, richte ich meine *Aufmerksamkeit* mehr und mehr *von außen nach innen.* Zu Beginn nehme ich noch den Raum wahr, der mich umgibt; so, wie man auch mit geschlossenen Augen etwas wahrnimmt. Dann richte ich meine Aufmerksamkeit mehr auf mich selbst, gehe irgendwie tiefer in mich hinein. Ich spüre die Kleidung auf der Haut, fühle, wo die Kleidung die Haut freigibt und ich auf angenehme Art mit der Luft in Berührung bin. Und ich gehe noch weiter, noch tiefer in mich hinein. Ich spüre, wie der Körper auf der Unterlage aufliegt. Ich spüre das Gewicht meines Körpers.

Reise durch den Körper

Ich sammle meine Aufmerksamkeit ganz an dem Bereich, an dem der Kopf die Unterlage berührt. Ausgehend von dort, beginne ich mit meiner Aufmerksamkeit eine Reise durch den Körper. Ich wandere die Wirbelsäule entlang abwärts. Ich lasse mir Zeit und versuche Wirbel für Wirbel wahrzunehmen oder mir vorzustellen, wo die Wirbelsäule die Unterlage berührt und wo sich meine Wirbelsäule von der Unterlage abhebt.

Ich beginne beim Kopf und wandere langsam in den Hals hinein – die Wirbelsäule entlang – abwärts. Und irgendwann – früher oder später – komme ich an den Schultern vorbei und wandere weiter den Rücken entlang. Und irgendwann – nach unbestimmter Zeit – komme ich zu dem Bereich, an dem die Wirbelsäule bei den Hüften wieder die Unterlage berührt. Ich sammle dort meine Aufmerksamkeit.

Und ausgehend von dem Bereich, an dem die Wirbelsäule bei den Hüften die Unterlage berührt, wandere ich mit meiner Aufmerksamkeit weiter, zum Beispiel über die rechte Hüfte in das rechte Bein. Zu Beginn in den rechten Oberschenkel. Ich versuche den rechten Oberschenkel ganz mit meiner Aufmerksamkeit auszufüllen. Und ich wandere weiter über das rechte Knie in den rechten Unterschenkel, bis hinab in den rechten Fuß. Ich spüre, wie die Ferse des rechten Fußes die Unterlage berührt. Und ebenso, wie ich dies spüre, kann ich herausfinden, wie und wo mein ganzes rechtes Bein fest und sicher auf der Unterlage aufliegt.

Schwere und Wärme im rechten Bein

Und während ich dies fühle, stelle ich mir vor, dass das rechte Bein *schwer* ist, *angenehm schwer und entspannt.* Und je besser es mir gelingt, mir vorzustellen, dass das rechte Bein schwer ist, desto deutlicher spüre ich, wie das rechte Bein auf der Unterlage aufliegt. Und je deutlicher ich dies spüre, desto eher bin ich in der Lage mir vorzustellen, dass das rechte Bein ganz *schwer* ist, *angenehm schwer.* Und ebenso wie ich mir *Schwere* vorstellen kann, bin ich auch in der Lage mir vorzustellen, dass das rechte Bein *warm* ist, *wohlig warm,* so als ob es von der Sonne angestrahlt würde. Das rechte Bein ist *schwer, angenehm schwer und wohlig warm.*

Fortsetzung der Reise durch den Körper

Und ich wandere mit meiner Aufmerksamkeit wieder zu dem Bereich, an dem die Wirbelsäule bei den Hüften die Unterlage berührt. Und von dort wandere ich nun in gleicher Weise über die linke Hüfte in das linke Bein, zu Beginn in den linken Oberschenkel. Ich fülle auch den linken Oberschenkel ganz mit meiner Aufmerksamkeit aus.

Und ich wandere weiter, nun über das linke Knie in den linken Unterschenkel, bis hinab in den linken Fuß. Ich spüre, wie die Ferse des linken Fußes die Unterlage berührt. Und ich finde heraus, wie und wo das ganze linke Bein fest und sicher auf seiner Unterlage aufliegt.

Schwere und Wärme im linken Bein

Und während ich dies fühle, stelle ich mir vor, dass auch das linke Bein *schwer* ist, *angenehm schwer und entspannt.* Und ebenso wie ich mir *Schwere* vorstellen kann, kann ich auch versuchen mir vorzustellen, dass das linke Bein *warm* ist, *wohlig warm,* so als ob es von der Sonne angestrahlt würde. Auch das linke Bein ist *schwer, angenehm schwer und wohlig warm.*

Fortsetzung der Reise durch den Körper

Und ich wandere mit meiner Aufmerksamkeit wieder zu dem Bereich, an dem die Wirbelsäule bei den Hüften die Unterlage berührt. Beide Beine sind nun *schwer, angenehm schwer und wohlig warm.*

Und ich kann gleich – ausgehend von dem Bereich, an dem die Wirbelsäule die Unterlage berührt – mit meiner Aufmerksamkeit wieder die Wirbelsäule aufwärts wandern. Ich lasse mir dabei abermals Zeit und versuche Wirbel für Wirbel wahrzunehmen. Ich beginne bei den Hüften und nehme – während ich aufwärts wandere – das angenehme Gefühl der *Schwere und Wärme* aus den Beinen mit, wie bei einem Gefäß, das sich langsam füllt. Ich wandere den Rücken entlang aufwärts. Und irgendwann – früher oder später – komme ich wieder an den Schultern vorbei.

Schwere und Wärme in den Armen und Händen

Und während ich an den Schultern vorbeikomme, fließen *Schwere und Wärme* hinein in die Arme und Hände. Auch die Arme und Hände sind *schwer, angenehm schwer und wohlig warm.*

Abschluss der Reise durch den Körper

Und ich wandere mit der Aufmerksamkeit weiter aufwärts, an den Schultern vorbei, in den Hals hinein und erreiche – früher oder später – wieder den Bereich, an dem der Kopf die Unterlage berührt. Der ganze Körper ist nun *schwer, angenehm schwer und wohlig warm.* Ich bin *ruhig, gelöst und entspannt.*

Entspannung im Gesicht

Und während ich so daliege – *angenehm schwer, warm, ruhig und entspannt* –, richte ich meine Aufmerksamkeit noch auf die Muskeln des Gesichts und nehme wahr, wie – nach und nach – auch das Gesicht ganz *entspannt, gelockert und gelöst* ist. Wie eine Blüte, die sich allmählich mehr und mehr öffnet. Ich beginne im Bereich des Mundes: die Muskeln sind *locker, entspannt und gelöst.* Danach gehe ich in den Bereich der Nase und der Wangen: auch hier sind die Muskeln *locker, entspannt und gelöst.* Im Bereich der Augen und der Stirn, im ganzen Gesicht sind die Muskeln *locker, entspannt und gelöst.*

Atmung

Und für eine Weile beobachte ich noch das gleichmäßige Ein und Aus des Atems. Ich fühle, wie der Atem beim Einatmen – *ganz von selbst* – hereinströmt und beim Ausatmen *erwärmt* den Körper wieder verlässt. Ich überlasse mich einfach dem gleichmäßigen, selbstständigen Rhythmus des Atems. Und mit jedem Ausatmen werden *Wärme und Schwere* noch ein wenig deutlicher. Mein Körper ist ganz entspannt.

Vertiefung

Mit dem Zählen von eins bis zehn halte ich noch einmal in meinem Körper Umschau, ob irgendwo, irgendetwas noch ein klein wenig *mehr* zu *lockern,* zu *lösen* und zu *entspannen* ist. Ich stelle mir bei jeder Zahl einen Ton vor, der sich zunehmend von hoch nach tief verändert.
Ich beginne bei *eins:* ich bin *ruhig und entspannt. Zwei* und *drei:* Ich versuche noch etwas mehr *Abstand* zu gewinnen, alles noch weiter hinter mir zu lassen. *Vier* und *fünf:* Ich *lasse los,* sinke wie eine Feder, langsam und schaukelnd, *tiefer und tiefer. Sechs, sieben* und *acht:* Nichts ist wichtig, alles ist weit weg. *Neun* und *zehn:* Ich bin *ruhig, gelöst und entspannt.*

Innenraum

Und für eine Weile schaue ich in das gleichmäßige Dunkel vor meinen Augen, lasse den *Gedanken* und *Bildern* freien Lauf und *genieße* einfach das angenehme Gefühl der *Ruhe und Entspannung.*

Zurücknahme

Ich zähle langsam rückwärts von zehn bis eins und wende meine Aufmerksamkeit wieder zunehmend dem Raum zu, der mich

umgibt. Ich stelle mir einen Sonnenaufgang vor. Zuerst taucht irgendwo am Horizont ein schwacher Lichtschein auf, der sich verdichtet, bis langsam die Sonne voll hervorkommt. Und während die Sonne aufsteigt, nehme ich die Empfindungen, Bilder und Gedanken der Übung mit, sodass sie auch nach dem Ende der Übung in meinem Leben ihre gute Wirkung entfalten.
Ich beginne bei *zehn* und der Lichtschein am Horizont verdichtet sich. *Neun* und *acht:* Ich bin wieder mehr und mehr in der mich umgebenden Situation. *Sieben* und *sechs:* Die Sonne steigt und steht voll am Himmel. *Fünf* und *vier:* Ich bin wieder ganz im Hier und Jetzt. *Drei, zwei* und *eins: Arme fest, tief atmen, Augen auf.* Ich bin *entspannt* und *erfrischt* wie nach einem erholsamen Schlaf.

Nachdem Sie die sechs Grundübungen des autogenen Trainings kennen, beginnen Sie die gelernte psychosomatische Koppelung zwischen Vorstellung und vegetativer Umschaltung in den Erholungszustand zu verstetigen und zu verstärken. Mit wachsender Sicherheit des Übungserfolgs können Sie den Ablauf des autogenen Trainings bis zu einer in jeder Situation anwendbaren Kurzform verdichten.
Mit einer gelungenen Entspannungsübung entsteht eine vertiefte Innenwendung. In dieser Innenwendung treten Außeneindrücke und logische Denkvorgänge in den Hintergrund. Vorstellungsinhalte gewinnen eine hohe Lebendigkeit und entfalten psychologische und psychosomatische Wirkung.
Mit der vertieften Innenwendung haben Sie die Möglichkeit, über das autogene Training und die körperliche Entspannung hinausgehende Lösungswege für sich selbst zu eröffnen. Ausformulierte Übungstexte können Ihnen dabei als Anregung für eine spielerische Erweiterung und Ausgestaltung einzelner Entspannungsübungen dienen.

Lösungswege

„Nicht der Wille ist der Antrieb unseres Handelns, sondern die Vorstellungskraft."

Emile Coué

Zur Beschreibung der auslösenden und gestaltenden Kräfte des menschlichen Verhaltens lassen sich die unterschiedlichsten Bilder heranziehen.

Das Modell, das diesem Ratgeber zu Grunde liegt, läßt sich recht gut anhand des folgenden Bildes erläutern: Stellen Sie sich eine Kugel in einer Landschaft mit vielen Hügeln und Tälern vor. Die Kugel ist der augenblickliche psychische und körperliche Zustand einer Person und die Landschaft stellt die Summe der Erlebens- und Verhaltensweisen dar, die der Person zu einem Zeitpunkt überhaupt möglich sind. Die Kugel, das Erleben und Verhalten, ist ständig in Bewegung. Gerät sie in den Einzugsbereich eines Tales, so rollt sie – je nachdem, wie tief das Tal und wie steil der Abhang ist – mehr oder weniger schnell hinein. Ein bestimmter psychischer oder körperlicher Zustand ist erreicht. Ein bestimmtes Verhalten tritt auf. Ist das Tal tief und bewegt sich die Kugel nur wenig von selbst, verharrt sie im Tal. Ein Gefühl, eine Sichtweise oder ein Verhalten verfestigt sich. In diesem Falle bleibt die jenseits des Tales liegende Landschaft unentdeckt und aus dem Blickwinkel der Kugel ist die Wahrnehmung beschränkt auf die das Tal umgebenden Höhen. Bewegt sich die Kugel ständig geringfügig auf dem Boden des Tales hin und her, wird das Tal gewissermaßen durch Abrieb weiter vertieft, und die Wahrscheinlichkeit, daß die Kugel es verlassen kann, wird geringer. Um aus dem Tal herauszukommen, muß die Kugel entweder durch äußere Anregung oder durch Eigenaktivität in stärkere Bewegung geraten. Eine andere Möglichkeit besteht darin, daß sich die Landschaft umgestaltet und sich zum

Beispiel ein anderes Tal bildet, dessen Einzugsbereich sich bis in die Nähe der Kugel erstreckt. Die Umgestaltung der Landschaft kommt etwa dem Erlernen einer neuen Fähigkeit gleich. Wird die Eigenbewegung groß genug oder gestaltet sich die Landschaft entsprechend um, kann die Kugel das Tal verlassen und neue Wege, Ansichten und Aussichten entdecken. Nach und nach erschließt sich so die Summe der Möglichkeiten, die die Landschaft bietet. Übertragen auf menschliches Erleben und Verhalten, auf menschliche Probleme und deren Lösung ergeben sich aus diesem Bild bestimmte Annahmen. Man geht zum Beispiel davon aus, daß ein Problemzustand nur einer von vielen Zuständen ist, die in den Möglichkeiten einer Person angelegt sind. Egal wie bedrückend wir eine Problemsituation empfinden und wie unausweichlich ein unerwünschtes Verhalten uns auch erscheinen mag, jede Sicht- und Verhaltensweise ist nur eine von vielen anderen momentan möglichen oder erlernbaren. Die Vorstellung, einen Vortrag halten zu müssen, treibt uns vielleicht den Angstschweiß auf die Stirn. Werden wir zur gleichen Zeit von einem Freund gebeten, ihm etwas zu erklären, können wir ihm ohne das geringste Zögern auch schwierige Sachverhalte erläutern. Die Landschaft der eigenen Möglichkeiten ist immer vielgestaltiger als der Ort, an dem man sich gerade befindet. Hilfestellungen zur Problemlösung können sich deshalb darauf beschränken, Anregungen zu geben. Die Fähigkeit zur Lösung liegt in jeder Person selbst. Wird die Kugel in der Landschaft der Möglichkeiten in Bewegung gesetzt, werden die scheinbar unabänderlichen Grenzen des Problemzustandes überwunden. Es vermittelt ein grundsätzliches Gefühl von Selbstvertrauen, zu erkennen, daß wir eigentlich stets über eine große Zahl von anderen Formen des Erlebens und Verhaltens verfügen, auch wenn wir dies zeitweise aus den Augen verlieren.

Durch Lernen können wir unsere Landschaft umgestalten und neue Täler hinzufügen oder bestehende vertiefen. Bereits die gedankliche Beschäftigung mit der Lösung eines Problems kommt einer Änderung der Landschaft gleich. Je genauer Lösungsvorstellungen ausgestaltet werden, desto eher werden sie Wirklichkeit. Das Verhalten ordnet sich scheinbar von

allein in Richtung auf die angestrebte Lösung. Die Kugel rollt in ein anderes Tal. Die Vorstellungskraft wird zum Antrieb des Handelns. Erleben und Verhalten werden nicht von irgendwo gesteuert, sondern sie ordnen sich selbsttätig, wie der Lauf der bewegten Kugel in der Landschaft.
Das Bild der sich frei bewegenden Kugel entspricht jüngsten wissenschaftlichen Erkenntnissen über sich selbst organisierende natürliche Systeme und eignet sich gut zur Beschreibung menschlichen Erlebens und Verhaltens. Übertragen auf psychische Problemlösungsprozesse ist es die Grundlage des systemischen Ansatzes in der Psychotherapie.

Zustandsbilder und Kraftquellen

Eine nützliche Voraussetzung für die Gestaltung von Lösungswegen ist – bleiben wir bei dem gewählten Bild der Landschaft – die Kenntnis der Landschaft, nach der sich unser Erleben und Verhalten ordnen. Zwei verschiedene körperliche Zustandsbilder oder Täler in der Landschaft körperlicher Möglichkeiten wurden bereits ausführlich dargestellt: der Leistungs- und der Erholungszustand. Wege wurden angeregt, wie eine Umschaltung, ein Herüberwandern vom einen in den anderen Zustand durch die Vorstellung des Zieles herbeigeführt werden kann. Durch die Beschreibung des psychosomatischen Zusammenhanges wurde bereits erläutert, dass Bewertungen, Bedeutungszuweisungen und Körperzustände in vielgestaltiger Form zu ganzheitlichen Mustern zusammengefügt sind. Gedanken, Gefühle und Körperempfindungen formen zusammen gewissermaßen ein bestimmtes Tal in der psychosomatischen Landschaft.
Betrachten Sie derartige Täler oder Zustandsbilder in Ihrem Leben genauer. Suchen Sie sich typische Situationen aus, die Sie erkunden möchten. Hilfreich ist es zu Beginn, zwei Situationen mit gegensätzlicher Bewertung zu nehmen, da in der Unterschiedlichkeit die jeweiligen Eigenarten deutlicher werden.
Stellen Sie sich zum Beispiel eine Situation vor, in der Sie sich sicher gefühlt haben und im Vollbesitz Ihrer Fähigkeiten waren. Fragen Sie sich, welche Körperempfin-

dungen Sie hatten. Erinnern Sie sich an bestimmte Körperhaltungen, die mit dem Zustand verknüpft sind? Welche besonderen Gedanken hatten Sie in dem Zustand? Suchen Sie sich danach eine Situation, die dem Zustandsbild entgegengesetzt war. Bezeichnen Sie das gegensätzliche Zustandsbild und beantworten Sie sich die gleichen Fragen.
Wenn Sie in diesem negativen Zustandbild nun Ihr Erleben – und in der Folge Ihr Verhalten – ändern möchten, rufen Sie die Vorstellung eines entgegengesetzten, positiven Zustandes in sich wach. Nehmen Sie die zugehörige Körperhaltung ein. Erinnern Sie sich an die Gedanken und Empfindungen, die an den Wunschzustand gekoppelt sind.
Die Idee ist, Zustände der Kraft, der Fähigkeit und der Lösung im Schatz der eigenen Erfahrungen zu suchen, sie sich in allen Anteilen bewusst zu machen und in der Vorstellung auf bestehende Problemsituationen zu übertragen. Unsere individuelle Landschaft des Erlebens und Verhaltens ist reich an solchen Kraftquellen, die wir für unterschiedliche Problembereiche einsetzen können. Kraftquellen sind lösungsbezogene Zustandsbilder. Für das Problem Stress ist zum Beispiel der Erholungszustand eine Kraftquelle. Für das Empfinden von Ohnmacht gegenüber schlechten oder unpassenden Lebensbedingungen kann der Leistungszustand eine Kraftquelle für die Umgestaltung sein. Die Erinnerung an eine Situation, in der Sie ein Problem gelöst haben, weist Ihnen den Weg aus einer Situation heraus, die Sie noch als Problem empfinden. Wie beim autogenen Training die Vorstellung des Erholungszustandes zur Umschaltung in diesen Zustand führt, kann die Vorstellung eines lösungsbezogenen Zustandsbildes in Ihnen neue Kräfte zur tatsächlichen Lösung freisetzen.
Vergegenwärtigen Sie sich zum Beispiel eine typische Prüfungssituation. Sie warten darauf, vorgeladen zu werden, und sitzen auf dem Gang vor dem Prüfungszimmer. In Gedanken gehen Sie mögliche Prüfungsfragen durch. Sie merken Ihre eigene Nervosität. Die Hände sind kalt und feucht, der Mund ist trocken. Das Herz pocht usw. Die Wahrnehmung Ihrer Aufregung erinnert Sie an ähnliche Situationen in Ihrer Vergangenheit, an die Möglichkeit

durchzufallen und an die Angst davor. Ihre Gedanken beginnen, um die Angst zu kreisen, und Ihre Aufregung steigt. Ihnen fallen kaum noch sinnvolle Antworten auf mögliche Fragen ein. Der Zweifel am Gelingen steigt in Ihnen auf: „Ich schaffe es ja doch nicht. Vielleicht fällt mir plötzlich gar nichts mehr ein." Ihre Schultern sinken mutlos herab, der Oberkörper ist gebeugt, Sie blicken zu Boden. Nehmen wir nun an, Sie erinnern sich in dieser Situation an eine Prüfung, die Sie glanzvoll bestanden haben. Ihnen wird bewusst, dass Sie sich damals auch nicht besser vorbereitet hatten und daß der Lernstoff heute genauso klar umrissen ist wie bei dieser Prüfung. Die Ihnen damals nach Bestehen der Prüfung ausgehändigte Urkunde steht vor Ihrem inneren Auge und Sie erahnen wieder das begleitende Glücksgefühl. Sie vergegenwärtigen sich die Anerkennung und das Bedürfnis, ausgelassen zu sein und zu feiern. Sie erinnern das Kribbeln im Nacken und das befreiende Lachen. Ihre Haltung strafft sich. Sie sagen sich: „Warum nicht. Mal sehen. Ich geh' einfach rein." Das geänderte Empfinden versetzt Sie in einen Zustand, der es Ihnen erlaubt, Ihr Wissen bestmöglich zu nutzen.
Das gezielte Verwenden von Kraftquellen ist eine sehr alltägliche Form der Problembewältigung. Man stellt sich Bilder der Familienangehörigen an den Arbeitsplatz, um in den bestehenden Anforderungen des Berufslebens an den Schonraum und die Geborgenheit der Familie erinnert zu sein. Man hängt sich Urlaubsfotos mit den schönsten Erlebnissen an die Wand, um etwas von der Ruhe oder dem Glücksgefühl wachzurufen. Nimmt man zu diesem Grundmuster noch die Möglichkeit hinzu, die die Entspannung und die Innenwendung des autogenen Trainings eröffnen, so entsteht ein sehr hilfreicher und sicherer Lösungsweg.
Bereiten Sie sich auf eine Problemsituation vor. Wählen Sie die Kraftquelle, die der Bewältigung der Problemsituation angemessen erscheint, und arbeiten Sie die Bestandteile des lösungsbezogenen Zustandsbildes möglichst fein heraus.
Rufen Sie sich eine typische Situation in Erinnerung, in der Sie eindeutig in diesem Zustandsbild waren. Leiten Sie über das autogene Training einen Entspannungs-

zustand ein. Gegen Ende der Übung, wenn Sie die Innenwendung vertieft haben, gehen Sie mit Ihrer Fantasie in die ausgewählte Situation. Vergegenwärtigen Sie sich alle Einzelheiten des zugehörigen Zustandsbildes. Gehen Sie besonders intensiv in die Vorstellung der Körpergefühle hinein. Suchen Sie sich ein auf das Zustandsbild bezogenes Symbol. Dies kann die Vorstellung eines Gegenstandsbildes, einer Farbe oder unmittelbar die Vorstellung eines der Körpergefühle sein. Für das Glücksgefühl nach der Prüfung wurde in der oben kurz umrissenen Geschichte zum Beispiel ein Kribbeln im Nacken erwähnt. Ein solches Symbol kann der Schlüssel zu dem gewünschten lösungsbezogenen Zustandsbild werden. Führen Sie, bevor Sie tatsächlich in die Problemsituation gehen, eine derartige Übung mehrfach durch, und vergegenwärtigen Sie sich jedesmal auch das gewählte Symbol. In der Problemsituation selbst oder kurz vorher führen Sie die Kurzübung des autogenen Trainings durch und richten Ihre Aufmerksamkeit nach dem sechsten Ausatmen auf das Symbol.
Übertragen auf das Bild der sich in einer Landschaft bewegenden Kugel wird durch die Vorstellung der Einzugsbereich des Lösungszustandes ausgeweitet. Die Wahrscheinlichkeit steigt, dass sich das Verhalten in Richtung auf das gewünschte Ziel verändert. Vorstellungen sind Wirklichkeiten. Die Vorstellung der zukünftigen Bewältigung einer gestellten Aufgabe ist ein Teil der Bewältigung.

Umdeutungen

Ein anderer erfolgreicher Weg der Veränderung zum Positiven ist die Umdeutung. In ihr gerät die Kugel des Erlebens und Verhaltens gewissermaßen in verstärkte Eigenbewegung und verblüffende Einsichten und Aussichten eröffnen sich. Jede wahrgenommene Situation ist bereits eine mit Bedeutung versehene und bewertete Situation. Immer bestimmen auch die Bewertungen, die Vorgeschichte und die vermuteten Folgen die Wahrnehmung eines neuen Ereignisses.
Stellen Sie sich eine Person vor, die auf engstem Raum mit einer Zahl spielender und lärmender Kinder versucht, aufmerksam ein Buch zu lesen. Fasst sie den Lärm

der Kinder als Ausdruck von Ungehorsam oder als bewusstes Ärgern auf, wird sie kaum imstande sein weiterzulesen. Über kurz oder lang wird sie sich aufregen und die Kinder zurechtweisen. Fasst die Person den gleichen Lärm aber als ein Zeichen von Lebensfreude und gesunder Entwicklung auf, wird sie sich nicht aus der Ruhe bringen lassen. In entsprechenden Versuchen ist beispielsweise bei Müttern festgestellt worden, dass die Stresswirkung von Kinderlärm bis hin zu körperlichen Auswirkungen von der Einstellung zum verursachten Lärm bestimmt wird.

Die Möglichkeiten der Umdeutung in verschiedenen Zusammenhängen auszuprobieren, ist reizvoll und stellt eine wichtige Hilfe bei der Bearbeitung von Problemen und dem Finden von Lösungen dar. Ungewöhnliche Blickwinkel oder ausgefallene Standpunkte einzunehmen, kann man üben wie jede andere Fähigkeit. Versuchen Sie zum Beispiel, einmal bewusst auf Doppeldeutigkeiten in der Sprache zu achten, wie etwa „Lieber arm dran als Bein ab“, „Eine Lebensaufgabe sollte nicht zur Lebensaufgabe werden“.

Oder stellen Sie sich einmal eine Liste der Eigenarten und Verhaltensweisen zusammen, die Sie am wenigsten an sich mögen, und versuchen Sie – Eigenart für Eigenart, Verhaltensweise für Verhaltensweise – eine für Sie selbst positive Umdeutung zu finden. „Ich bin faul“ wird vielleicht zu „Ich besitze die Fähigkeit, unangemessenen Leistungsanforderungen aus dem Wege zu gehen“. „Ich bin ängstlich“ kann auch heißen „Ich habe die Fähigkeit, Bedrohungen feinfühlig wahrzunehmen und mich rechtzeitig zu schützen“. „Ich bin unbeherrscht“ bedeutet eventuell auch die „Fähigkeit, eigene Aufregung unmittelbar mitzuteilen“.

Viele Eigenarten oder Verhaltensweisen, die man eigentlich nicht an sich mag, erfüllen dennoch in bestimmten Situationen einen positiven Zweck. Diesen zu erkennen ermöglicht es, sich gezielt andere Wege auszudenken, die zum gleichen Ziel führen, aber von einem selbst und den Mitmenschen besser angenommen werden können. In diesem Sinne ist die Umdeutung eines Problems bereits ein Lösungsweg.

Leitsätze

Vielleicht ist Ihnen bei der Beschreibung des Leistungs- und des Erholungszustandes oder bei den verschiedenen negativen und positiven Alltagssituationen bereits aufgefallen, welche Macht Worte über die Vorstellung und das Erleben haben können. Wenn man zum Beispiel die ausführliche und lebhafte sprachliche Darstellung einer unangenehmen oder angenehmen Situation nachvollzieht, stellen sich mitunter unwillkürlich entsprechende Empfindungen ein. Sprache ist der allgemeinste symbolische Zugang zu psychosomatischen Zustandsbildern. Im autogenen Training werden daher die einzelnen Übungen durch sprachliche Formeln unterstützt. Auch im Alltag ist unser Handeln oft mehr oder weniger bewusst mit einer Art innerem Zwiegespräch verbunden. Wir sprechen uns Mut zu: „Ich schaffe es.", „Es wird gut gehen." Die inneren Zwiegespräche verstärken Empfindungen, halten uns in bestimmten Zustandsbildern und erlauben es uns, zwischen Sichtweisen zu wechseln. Mitunter können einzelne Sätze oder Worte solcher inneren Zwiegespräche zu festen Bestandteilen unseres Denkens werden. Sie entwickeln sich zu verallgemeinerten Einstellungen, zu Leitsätzen, die den Alltag begleiten. Bezogen auf Leistungssituationen beispielsweise können sie eine grundsätzliche Mißerfolgsbefürchtung hervorrufen oder eine selbstbewusste Erfolgserwartung unterstützen. Leistungssportler berichten eindrücklich von der Bedeutung derartiger Leitsätze. Oft hängt Niederlage oder Sieg nicht allein vom jeweiligen Können, sondern auch von den Inhalten der inneren Zwiegespräche ab. Sprichworte sind nicht selten kulturelle Verfestigungen von verallgemeinerten Einstellungen oder Leitsätzen: „Hochmut kommt vor dem Fall.", „Ohne Fleiß kein Preis." Sätze, die zum sich wiederholenden Bestandteil des inneren Zwiegespräches werden, haben einen großen Einfluß auf unser Erleben und Verhalten. Vorstellungen und Leitsätze besitzen die Eigenschaft, sich selbstständig zu verwirklichen. Stellen Sie sich eine Partnerschaft vor, in der Streit häufig nach einem immer wiederkehrenden Muster abläuft. Schon zu Beginn eines Gespräches macht man sich gegenseitige Vorwürfe. Die Standpunkte sind ebenso eindeutig und bekannt wie scheinbar unabänderlich und unversöhnlich. Oft nehmen die Gespräche wie von selbst an Heftigkeit zu und münden in eine unangenehme Auseinandersetzung. Auf beiden Seiten haben sich Leitsätze entwickelt, mit denen jedes Gesprächsangebot innerlich begleitet wird: „Immer das gleiche Spiel. Wir streiten uns ja sowieso. Es führt zu nichts." Auch hier kann ein anderes inneres Zwiegespräch eine ganz andere Ausgangssituation schaffen: „Wir sind immer für eine Überraschung gut. Alles ist möglich. Ich höre einfach zu." Nun können eingefahrene innere Zwiegespräche und tief verankerte Leitsätze zumeist nicht einfach abgeschaltet und ausgebildete Erwartungshaltungen nicht ohne weiteres geändert werden. Die über das autogene Training erreichte Innenwendung eröffnet jedoch Möglichkeiten, durchaus gezielt und absichtsvoll einzuwirken. In der Innenwendung wird ein hoher Grad an Aufmerksamkeit erreicht. Vorstellungen gewinnen eine große Lebhaftigkeit und die Gedanken sind besonders beweglich. Es bestehen Bedingungen, die es erlauben, innerlich vorgesprochene Sätze zu neuen, fest verankerten Leitsätzen zu machen. In der Innenwendung kann leicht zwischen verschiedenen Zustandsbildern gewechselt werden. Die Kugel des Erlebens und Verhaltens ist in stärkerer Bewegung. Immer, wenn die Kugel in ihrem Lauf die Kuppe eines Hügels erreicht, entsteht eine bemerkenswerte Situation. Auf dem höchsten Punkt ist die Kugel offen für viele verschiedene Bewegungsrichtungen. Winzige Beeinflussungen reichen aus, um zu entscheiden, wohin sie rollt. Kleinste Kräfte entfalten in dieser Entscheidungssituation eine große Wirkung.

Wenn Sie sich nun, während einer tiefen Entspannung, in der Innenwendung befinden, wird einerseits allen Gedanken eine besondere Aufmerksamkeit zuteil und andererseits ist Ihre Fantasie angeregt. Ihre Kugel läuft gewissermaßen leicht und beweglich durch die Landschaft Ihrer Möglichkeiten. Alles, was Sie währenddessen zu sich selbst sagen, hat auf besondere Art die Tendenz, Kraft zu entfalten. Sie können Leitsätze verankern, die Ihre inneren Zwiegespräche und damit Ihr Erleben und Verhalten in eine von Ihnen gewünschte Richtung hin beeinflussen. In der Innenwendung verankerte Leitsätze wirken in den Alltag hinein. In der Innenwendung verankerte Leitsätze gleichen Einstellungen, die über eine lange Zeit einmal erworben wurden und fester Bestandteil des Denkens geworden sind.

Die Verankerung von Leitsätzen in der Innenwendung ist die Grundidee der formelhaften Vorsatzbildung im autogenen Training. Zusammengefasst beruht die Wirksamkeit formelhafter Vorsätze auf drei Prinzipien:

1. Worte, Gefühle und Körperzustände sind aneinander gekoppelt. Sprache wirkt wie ein allgemeines Symbol für psychosomatische Zustandsbilder.

2. Innere Zwiegespräche haben wie Vorstellungen die Tendenz, sich zu verwirklichen. Leitsätze sind Selbstbeeinflussungen.

3. In der beweglichen und aufmerksamen Situation der Innenwendung besteht eine besondere Beeinflussbarkeit. In der Innenwendung können kleine Ursachen eine große Wirkung entfalten.

Im autogenen Training werden formelhafte Vorsätze als Zusatzübung nach den sechs Grundübungen eingeführt. Zuerst entwickelt man einen Leitsatz, der die erwünschte positive Veränderung beschreibt. In gleicher Weise wie die Formeln der Grundübungen wird der Leitsatz im autogenen Training mehrfach innerlich vorgesprochen. Da die Wirkung des formelhaften Vorsatzes an die vertiefte Innenwendung gebunden ist, wird die Aufmerksamkeit erst im Zustand weitgehender Entspannung auf den entwickelten Leitsatz gelenkt. Der Leitsatz kann zum festen Bestandteil des autogenen Trainings werden. Die Wirkung solcher Leitsätze oder formelhaften Vorsätze ist dann häufig sehr beeindruckend. Suchen Sie sich ein Verhalten, eine Empfindung oder eine Erwartung aus, die Sie positiv entwickeln möchten. Gestalten Sie einen Leitsatz, der Ihre guten Absichten ausdrückt. Aus der langen Erfahrung, die mit der Verwendung formelhafter Vorsätze schon besteht, haben sich einige Regeln herauskristallisiert, die bei der Gestaltung von Leitsätzen sinnvollerweise prinzipiell zu berücksichtigen sind. Die Leitsätze sollen ...

1. ... Ihrem eigenen Bedürfnis entsprechen. Die eigene Motivation für die angestrebte Veränderung ist eine wesentliche Voraussetzung für die Wirksamkeit formelhafter Vorsätze. Wählen Sie keine formelhaften Vorsätze, hinter denen Sie nicht selbst stehen können.

2. ... auf ein klar umgrenztes Ziel gerichtet sein. Leitsätze können sich nur dann verwirklichen und zu erlebbaren Änderungen beitragen, wenn der angestrebte Zielzustand eindeutig ist. Leitsätze sollten kurz und eindrücklich sein.

3. ... positiv formuliert sein. Formelhafte Vorsätze richten sich nicht an unser logisches Denken. Verneinungen wirken nicht als eigenständige Symbole. Bei dem Satz „Ich habe keine Angst." setzt sich in der Vorstellung der Begriff „Angst" durch. Der Leitsatz sollte daher positiv gestaltet sein: „Ich bin mutig."

4. ... in der Gegenwartsform stehen. Formelhafte Vorsätze werden zum Bestandteil des inneren Zwiegespräches und entfalten ihre Wirkung unmittelbar im Alltag. Zukunftsbezogene Formeln wären zu unverbindlich. Der Zeitpunkt der Änderung bliebe unbestimmt. Auch bei den Grundübungen des autogenen Trainings wurden gegenwartsbezogene Formeln verwandt („Der Körper ist schwer.", „Der Körper ist warm.").

5. ... bildhaft und anregend sein. Worte wirken zusätzlich, vermittelt über die von ihnen hervorgerufenen Vorstellungen. Vergleiche und Assoziationen können die Wirkung eines Leitsatzes erhöhen: „Mutig wie ein Löwe."

6. ... möglichst rhythmisch oder in Versform gestaltet werden. So gestaltete Sätze oder Verse haben einen hohen Erinnerungswert.

7. ... eher ein Lächeln hervorrufen. Wie allgemein im autogenen Training wird auch die formelhafte Vorsatzbildung mit einer spielerischen Grundhaltung und einem vergnügten Augenzwinkern geübt. Es geht um Lösungen. Humorvoller Abstand ist ein guter Lehrer: „Mut tut gut.", „Drauf und dran, frisch voran."

Beginnen Sie Ihre Erfahrungen mit der formelhaften Vorsatzbildung anhand eines Ziels von persönlich eher geringer Bedeutung. So fällt es Ihnen leichter, eine spielerische Haltung zu bewahren. Gestalten Sie sich einen Leitsatz, mit dem Sie zufrieden sind. Sprechen Sie sich den Satz in der Innenwendung mehrfach innerlich vor. Machen Sie ihn über eine längere Zeit hinweg zum Begleiter Ihrer Entspannungsübungen.

Eine Auswahl aus dem Verlagsprogramm

RAT UND WISSEN

Bewerbung

Bewerbungsstrategien
1027-3, von Dr. W. Reichel, 128 S., kart.
DM 14,90

Initiativbewerbungen
2107-0, von Dr. W. Reichel, 128 S., kart.
DM 16,90

Legale Bewerbungstricks
60325-2, von V. S. Rottmann, 96 S., kart.
DM 12,90

Lebenslauf und Bewerbung
60007-5, von H. Friedrich, 112 S., kart.
DM 12,90

Bewerbung um einen Ausbildungsplatz
1936-X, von P.-J. Schneider, M. Zindel, 112 S., kart.
DM 16,90

Bewerbungserfolg trotz schwacher Zeugnisse
60157-8, von A. Schieberle, 136 S., kart.
DM 14,90

Testtrainer Einstellungstests
4999-4, von Dr. W. Reichel, 136 S., geb.
DM 15,–
(limitierter Sonderpreis)

Vorstellungsgespräche
60012-1, von H. Friedrich, 144 S., kart.
DM 11,90

Arbeitszeugnisse
1444-9, von A. Nasemann, 136 S., kart.
DM 16,90

Rechtsratgeber für Arbeitnehmer
60258-2, von U. Teschke-Bährle, 160 S., kart.
DM 16,90

Beruf/Karriere

Selbstständigkeit und freie Mitarbeit
1891-6, von T. Hammer, Dr. W. Kiefl, 144 S., kart.
DM 19,90

Erfolgreiche Existenzgründung
60285-X, von N. Rentrop, 192 S., kart.
DM 19,90

FALKEN Reihe: FALKEN & PITMAN MANAGEMENT
Ausstattung: zwischen 184 S. und 248 S., Broschur
Preis: **DM 39,90**
4972-2 Die ersten 100 Tage als Chef
4973-0 Erfolgreiches Zeitmanagement
4976-5 Richtig delegieren
4971-4 Erfolgreiche Verhandlungstaktiken
4975-7 Die perfekte Präsentation

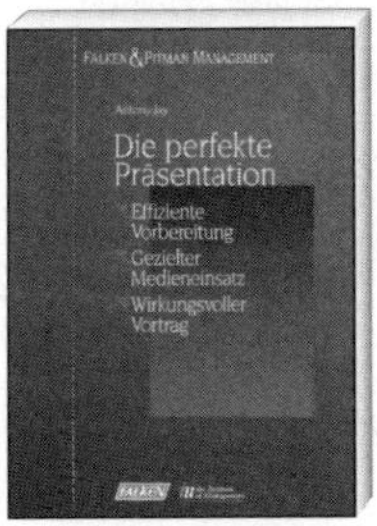

4974-9 Meetings erfolgreich steuern
7331-3 Marketing – eine Einführung
7329-1 Erfolgreich im Management
7330-5 Basiswissen für Führungskräfte
7328-3 Mitarbeitermotivation durch Empowerment
7362-3 Das souveräne Verhandlungsgespräch
7361-5 Erfolgsgeheimnis Teambildung

Lernhilfen/Schule

Erfolgreich im Beruf mit NLP
60288-4, von K. Grochowiak, S. Haag, 104 S., kart.
DM 12,90

Handbuch Mathematik
4964-1, von W. Scholl, R. Drews, 848 S., geb.
DM 69,90

Englische Grammatik
7341-0, von E. Henrichs-Kleinen, 288 S., geb.
DM 39,90

Gedächtnistraining mit Eselsbrücken
60060-1, von W. Ettig, 96 S., kart.
DM 12,90

Buchführung leicht gefaßt
60091-1, von H. R. Pohl, 104 S., kart.
DM 12,90

Schreiben lernen mit Schreibmaschine und PC
60055-5, von O. Fonfara, 112 S., kart.
DM 9,90

Kostenrechnung leicht gemacht
4826-2, von D. Machenheimer, 240 S., geb.
DM 39,90

FALKEN Reihe: Schülerhilfe
Ausstattung: zwischen 64 S. und 172 S., kartoniert
Preis: zwischen **DM 14,90** und **DM 29,90**
1834-7 Die neue deutsche Rechtschreibung
1890-9 Deutsche Grammatik
1783-9 Aufsatz
1623-9 Bruchrechnen
1569-0 Geometrie

1709-X Prozent- und Zinsrechnung
1570-4 Gleichungen und Ungleichungen

RAT UND WISSEN

1888-6 Wurzeln und Potenzen
1624-7 English Pronouns
1574-7 English Tenses
1784-7 If-Clauses & Co.

Recht/Wirtschaft/ Steuern

Was kostet mein Recht?
60234-5, von J. Mosler, 104 S., kart.
DM 12,90

Recht für Mieter
1932-7, von M. Gaida, 304 S., kart.
DM 29,90

Der FALKEN Bauherren-Ratgeber
4888-2, von W. Jung, B. W. Klöckner, 352 S., kart.
DM 39,90

Ihr Recht als Vermieter
60243-4, von R. Richter, P. J. Schneider, A. Pollert, 208 S., kart.
DM 16,90

Eheverträge
60037-7, von T. Münster, 226 S., kart.
DM 19,90

Erziehungsgeld, Mutterschutz, Erziehungsurlaub
60014-8, von J. Grönert, 192 S., kart.
DM 19,90

Scheidung und Unterhalt
60015-6, von T. Drewes, 220 S., kart.
DM 19,90

Gesetzliche und private Altersvorsorge
1847-9, von D. Rehahn, H. A. Reichel, W. Schöttler, 192 S., kart.
DM 24,90

Wie hoch wird meine Rente?
60209-9, von K. Möcks, A. Schmitt, 160 S., kart.
DM 16,90

Erbschaftsteuer aktuell
60324-4, von W. Ludwig, 128 S., kart.
DM 14,90

Testament und Erbschaft
2111-9, von T. Drewes, R. Hollender, 296 S., englische Broschur
DM 29,90

Vermögensbildung mit Immobilien
1712-X, von W. Schwanfelder, 144 S., kart.
DM 24,90

Erfolg mit Aktien
1663-8, von A.-S. Rühle, 128 S., kart.
DM 16,90

Keine Angst vor dem Finanzamt
60064-4, von H. Vogt, 132 S., kart.
DM 16,90

Korrespondenz und Rhetorik

Der neue Briefsteller
60002-6, von I. Wolter-Rosendorf, 130 S., kart.
DM 12,90

Briefe und Reden für den Trauerfall
1789-8, von U. Wetter, 112 S., kart.
DM 16,90

Modernes Redetraining
1575-5, von Prof. Dr. R. Brehler, 120 S., kart.
DM 19,90

Körpersprache
60096-2, von H. Rückle, 96 S., kart.
DM 12,90

Reden für Familienfeiern
60281-7, von G. Kurz, 112 S., kart.
DM 12,90

Lebensstil und Umgangsformen

Kreative Wohnideen
4889-0, von T. Eichhorn, 128 S., geb.
DM 39,90

Farbberatung für die Wohnung
4743-6, von G. Watermann, 128 S., geb.
DM 49,90

300 neue Frisuren
7359-3, von S. Ehlers, 128 S., geb.
DM 29,90

Krawatten
7319-4, von F. Chaille, 180 S., geb., mit Schutzumschlag
DM 89,90

Tücher und Schals perfekt binden
1898-3, von E. Weber-Lorkowski, 48 S., kart.
DM 14,90

Umgangsformen heute
4876-9, von H.-G. Schnitzer, 256 S., geb.
DM 29,90

Der gute Ton im Privatleben
60097-0, von R. Bartels, 104 S., kart.
DM 12,90

Feste feiern

Das große FALKEN-Buch zur Märchenhochzeit
7360-7, von A. Körner, C. Ziegler, ca. 224 S., geb.
ersch. Juni 1998
ca. DM 49,90

Hochzeitsfeste mitgestalten
1790-1, von A. Wilke, B. Haß, 104 S., kart.
DM 19,90

Tischdekorationen für die Hochzeit
1825-8, von H. Grob, A. Henseler u.a., 64 S., kart.
DM 19,90

Blumenschmuck für das Brautpaar
4881-5, von H. Grob, A. Henseler u.a., 80 S., geb.
DM 29,90

Neue Hochzeitsreden
60158-6, von S. Harland 112 S., kart.
DM 12,90

Feste feiern
4825-4, von C. Kast, 128 S., geb.
DM 39,90

Die neue Glückwunschfibel
60031-8, von R. Christian-Hildebrandt, 106 S., kart.
DM 9,90

Astrologie/Esoterik

Kinderhoroskop
60242-6, von W. Noé, 152 S., kart.
DM 14,90

ISBN-Bestandteil: 3-8068- / bei Buchnummern, die mit der Ziffer 6 beginnen, lautet der ISBN-Bestandteil: 3-635-

RAT UND WISSEN · ESSEN UND TRINKEN

Liebes-Horoskop
60297-3, von W. Noé,
128 S., kart.
DM 12,90

Chinesisches Horoskop
60006-7, von G. Hadden-bach, 86 S., kart.
DM 9,90

Das Indianische Horoskop
60294-9, von W. Noé,
128 S., kart.
DM 14,90

Wahrsagetechniken
60373-2, von G. Hadden-bach, 144 S., kart.
DM 14,90

I Ging
60253-1, von R. Sorrell,
A. M. Sorrell,
224 S., kart.
DM 19,90

Reiki
60247-7, von B. Glaser,
U. Vogt, 128 S., kart.
DM 14,90

Traumdeutung
60045-8, von G. Hadden-bach, 172 S., kart.
DM 12,90

UFOs über Deutschland
60319-8, von M. Hesemann
208 S., kart.
DM 19,90

Geheimlehren
60236-1, von N. Drury,
G. Tillet, 144 S., kart.
DM 16,90

Schutzengel
60333-3, von T. Keller,
D. Taylor, 144 S., kart.
DM 16,90

Auto/Führerschein

Der neue Verwarn- und Bußgeldkatalog
60292-2, von F. Littek,
126 S., kart.
DM 12,90

Der Test-Knacker bei Führerscheinverlust
2113-5, von T. Rieh,
128 S., kart.
DM 19,90

Prüfungsfragen und Prüfungsbogen für den Führerschein Kl. 3
1490-2, 104 S., kart.
DM 19,90

Trennkost

Trennkost für 1 Person
4851-3, von U. Summ,
112 S., geb.
DM 29,90

Trennkost leichtgemacht für Berufstätige
4890-4, von U. Summ,
128 S., geb.
DM 29,90

Das große Buch der Trennkost
4498-4, von U. Summ,
128 S., geb.
DM 29,90

Das Beste aus Ursula Summs Trennkost-Küche
4985-4, von U. Summ,
160 S., geb.
DM 29,90

Trennkost aus ärztlicher Sicht
60259-0, von Dr. med.
T.-M. Heintze, 84 S., kart.
DM 12,90

Erfolgreich schlank durch die Trennkost-6-Wochen-Kur
1968-8, von U. Summ,
104 S., kart.
DM 19,90

Die aktuelle Trennkost-Tabelle
1871-1, von U. Summ,
80 S., Flexcover
DM 14,90

Länderküche

Provence
7365-8, von U. Skadow,
S. Dickhaut, 224 S., geb.,
mit Schutzumschlag
DM 49,90

Italienische Küche
4830-0, von M. Kaltenbach,
R. Simeone, 224 S., geb.,
mit Schutzumschlag
DM 49,90

Chinesische Küche
7304-6, von H. Fu-Lung,
224 S., geb.,
mit Schutzumschlag
DM 49,90

Thailand
4945-5, von B. Aepli,
128 S., geb.,
mit Schutzumschlag
DM 34,90

Indien
7370-4, von S. Dhawan,
128 S., geb.,
mit Schutzumschlag
DM 39,90

Englische Landhausküche
4981-1, von D. Watkins,
J. J. Watkins, 128 S., geb.,
mit Schutzumschlag
DM 39,90

Amerikanische Küche
7308-9, von C. Stevenson Jr.,
P. Niebergall, 128 S., geb.,
mit Schutzumschlag
DM 39,90

Kochen

Unsere Kochschule
4959-5, von M. Kaltenbach,
F. W. Ehlert, 306 S., geb.
DM 25,–
(limitierter Sonderpreis)

FALKEN Reihe: Rezepte! Rezepte!! Rezepte!!!
Ausstattung: 96 S., kart.
Preis: **DM 16,90**
1937-8 Krabben, Garnelen & Co.
1994-7 Chili, Peperoni & Co.
1944-0 Pastinaken, Kürbis & Co.

1941-6 Pizza, Quiche und Tarte
1939-4 Feta, Mozzarella & Co.
1940-8 American Cookies

FALKEN Reihe: ErlebnisKüche
Ausstattung: 128 S., geb.,
mit Schutzumschlag
Preis: **DM 34,90**
4944-7 Nudeln
4946-3 Raclette und heißer Stein
7315-1 Fondues
4984-6 Aufläufe und Gratins
4982-X Salate

ESSEN UND TRINKEN · MENSCH UND GESUNDHEIT

Johann Lafer kocht – Neue Rezepte
7306-2, von Johann Lafer, 160 S., geb.
DM 39,90

Iß und trink und liebe
7303-8, von K. Ottenbach, 72 S., geb., mit Schutzumschlag
DM 49,90

Preiswert kochen
60025-3, von E. Fuhrmann, 136 S., kart.
DM 12,90

Vegetarische Gerichte aus aller Welt
4977-3, von A. Ilies, 224 S., geb., mit Schutzumschlag
DM 49,90

Rezepte mit Joghurt, Kefir & Co.
60068-7, von G. Volz, 104 S., kart.
DM 12,90

Vollwertküche für Genießer
4815-7, von Prof. Dr. C. Leitzmann, H. Million, 256 S., geb.
DM 39,90

Das essen Kinder gern
4978-1, von A. Brenner, 128 S., geb.
DM 29,90

Gerichte für Diabetiker
60033-4, von M. Oehlrich, 108 S., kart.
DM 12,90

Cholesterinarm kochen und genießen
4442-9, von R. Unsorg, 168 S., geb.
DM 49,90

Fettarm kochen – Abnehmen mit Genuß
4866-1, von G. Hölz, H. Million, 128 S., geb.
DM 39,90

Getränke

FALKEN Mixbuch
4733-9, Hrsg.: P. Bohrmann, 560 S., geb.
DM 39,90

Weinlexikon
4942-0, von Dr. H. Ambrosi, 384 S., geb.
DM 39,90

Meine Lieblingsweine
7364-X, von M. Broadbent, 224 S., geb., mit Schutzumschlag
DM 89,-

Wein richtig genießen lernen
4809-2, von H. Ambrosi, I. Swoboda, 128 S., geb.
DM 29,90

Mein Hobby Wein
7309-7, von R. Kriesi, 128 S., geb.
DM 34,90

Was Weinfreunde wissen wollen
7342-9, von Prof. Dr. K. Röder u.a., 192 S., geb.
DM 29,90

ElternRatgeber

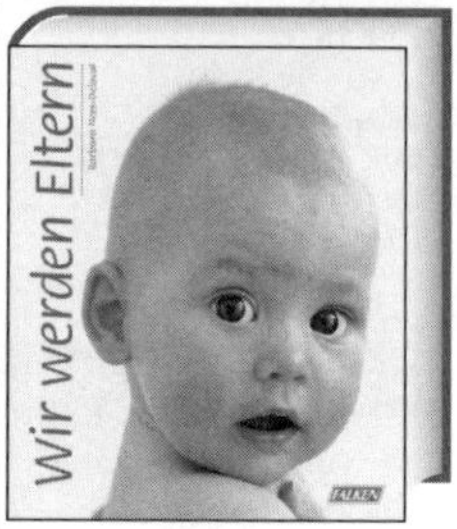

Wir werden Eltern
7353-4, von B. Nees-Delaval, 416 S., geb.
DM 39,90

Die schönsten Vornamen
4755-X, von Dr. D. Voorgang, 200 S., geb.
DM 19,90

Die Kunst des Stillens
60084-9, von Prof. Dr. med. E. Schmidt, S. Brunn, 110 S., kart.
DM 12,90

Das erste Jahr mit dem Baby
4884-X, von Dr. med. M. Weber, 144 S., geb.
DM 39,90

Wenn Kinder krank werden
7316-X, von B. Nees-Delaval, 240 S., geb.
DM 39,90

Mein Kind ist krank, so hilft die Natur
4761-4, von Dr. med. H. Wachtl, 160 S., geb.
DM 39,90

Menschen und Gesundheit

Heilpflanzen
4954-4, von A. Eckart, Dr. G. Eckert, 176 S., geb.
DM 39,90

Blütentherapie nach Dr. Bach
60019-9, von I. Wenzel, 96 S., kart.
DM 9,90

Traditionelle Chinesische Medizin
60312-0, von Dr. med. C. Kunkel, 118 S., kart.
DM 14,90

Chinesische Fünf-Elemente-Ernährung
68005-2, von Dr. med. C. Kunkel, 144 S., kart.
DM 29,90

Allergien
60057-1, von G. Leibold, 100 S., kart.
DM 12,90

Neurodermitis
1649-2, von Prof. Dr. med. phil. S. Borelli, Prof. Dr. med. J. Rakoski, 136 S., kart.
DM 24,90

Schuppenflechte
1467-8, von Prof. Dr. med. phil. S. Borelli, Prof. Dr. med. R. Engst, 102 S., kart.
DM 19,90

Teebaumöl
1878-9, von S. Poth, Prof. Dr. J. Reichling, 96 S., kart.
DM 19,90

Natürlich entgiften mit der Öl-Zieh-Kur
60391-0, von I. Hammelmann, 88 S., kart.
DM 10,90

Die sagenhafte Heilkraft der Papaya
60396-1, von H. Tietze, 80 S., kart.
DM 12,90

ISBN-Bestandteil: 3-8068- / bei Buchnummern, die mit der Ziffer 6 beginnen, lautet der ISBN-Bestandteil: 3-635-

MENSCH UND GESUNDHEIT · SPORT UND FITNESS

Heilen und Vorbeugen mit Wein
60311-2, von Dr. med. F.-A. Graf von Ingelheim, I. Swoboda, 96 S., kart.
DM 14,90

Grapefruitkern-Extrakt für Gesundheit und Kosmetik
60379-1, von R. Knoller, 80 S., kart.
DM 12,90

Rheuma
60040-7, von Prof. Dr. med. K. Gräfenstein, 108 S., kart.
DM 14,90

Gymnastik für die Halswirbelsäule
1610-7, von J. Engelmann, 96 S., kart.
DM 19,90

Streß bewältigen durch Entspannung
60070-9, von Dr. med. Ch. Schenk, 122 S., kart.
DM 14,90

Positives Denken und Entspannungstechniken
60305-8, von Dr. med. C. Schenk, 112 S., kart.
DM 12,90

Augentraining
1616-6, von M. Gollub, Hrsg.: K. Haak, 96 S., kart.
DM 24,90

Massage
60038-5, von K. Schutt, 78 S., kart.
DM 12,90

Akupressur
1231-4, von F. T. Lie, 192 S., kart.
DM 29,90

Fußsohlenmassage
60036-9, von G. Leibold, 96 S., kart.
DM 11,90

Yoga
60093-8, von U. Thomsen, 104 S., kart.
DM 12,90

Sport

FALKEN Lexikon für Pferdefreunde
7352-6, von G. Wöckener, 320 S., geb., mit Schutzumschlag
ersch. Mai 1998
DM 69,90

FALKEN Reihe: Ratgeber für Reiter
Ausstattung: zwischen 128 S. und 176 S., geb. oder kart.
Preis: zwischen **DM 29,90** und **DM 39,90**
4797-5 Ich will reiten lernen
4845-9 Junge Pferde selbst ausbilden
4871-8 Reiten für Einsteiger
4716-9 Reiten auf Gangpferden
4949-8 Wie verstehe ich mein Pferd?

Golf. Die frühen Jahre
7339-9, von D. Concannon, 144 S., geb., mit Schutzumschlag
DM 69,90

Der Schwung
4784-3, von O. Heuler, 128 S., geb.
DM 29,90

Fehler & Korrekturen
4872-6, von O. Heuler, 144 S., geb.
DM 39,90

FALKEN Reihe: Sportregeln
Ausstattung: zwischen 96 S. und 128 S., kart.
Preis: zwischen **DM 16,90** und **DM 24,90**
1676-X Basketball
1674-3 Pool-Billard
2135-6 Fußball
1754-5 Eishockey
1755-3 Tennis
1807-X Badminton

Tauchen
4955-2, von S. Müßig, 128 S., geb.
DM 39,90

Tennistraining mit System
4878-5, von A. Ferrauti, P. Maier, K. Weber, 192 S., geb.
DM 49,90

Billard
1313-2, von Dr. H. Stingl, 112 S., kart.
DM 29,90

Aggressive In-Line-Skating
1836-3, von U. Sauter u.a., 96 S., kart.
DM 24,90

Snowboarding
1860-6, von A. Hebbel-Seeger, 112 S., kart.
DM 29,90

Angeln
60080-6, von E. Bondick, 80 S., kart.
DM 12,90

Tanzen
4948-X, von P. Wolff, 192 S., geb.
DM 49,90

Fitness/Gymnastik

Fitness-Boxen
1671-9, von F. Kürzel, P. Wastl, 96 S., kart.
DM 24,90

Fit mit Ayurveda
60260-4, von J. Douillard, 208 S., kart.
DM 19,90

Stretching
60085-7, von E. Kleila, 64 S., kart.
DM 9,90

Muskeltraining zu Hause
60100-4, von A. Balk, 128 S., kart.
DM 14,90

Kampfsport

Aikido
2120-8, von R. Brand, 280 S., kart.
DM 24,90

Judo
0305-6, von M. Ohgo, 206 S., kart.
DM 24,90

Karate Grundlagen
1863-0, von E. Karamitsos, B. Pejcic, 144 S., kart.
DM 29,90

25 Shotokan-Katas
2125-7, von A. Pflüger, 88 S., kart.
DM 24,90

Bruce Lee – Sein Leben und Kampf
0392-7, von L. Lee, 136 S., kart.
DM 24,90

Bruce Lees Kampfstil 1
0473-7, von B. Lee,
M. Uyehara, 112 S., kart.
DM 9,90

Bruce Lees Kampfstil 2
0486-9, von B. Lee,
M. Uyehara, 128 S., kart.
DM 12,90

Dynamische Tritte
1683-2, von G. Chung,
C. Rothrock, 128 S., kart.
DM 16,90

Taekwondo
0347-1, von K. Gil,
152 S., kart.
DM 16,90

Ninja
1161-X, von A. Adams,
192 S., kart.
DM 19,90

Heimwerken/Technik

FALKEN Reihe: Do it yourself
Ausstattung: zwischen 80 S.,
und 104 S., kart.
Preis: **DM 19,90**
1665-4 Reparaturen in Haus und Garten
1159-8 Betonieren, Mauern, Fliesen
1857-6 Bäder ausbauen und modernisieren

1118-0 Sanitärinstallationen
1799-5 Fliesen legen
1855-X Tapezieren und Streichen
1841-X Dachausbau
1995-5 Innenausbau mit System
1859-2 Elektroarbeiten
1716-2 Sicherheit an der Haustür

Heimwerken
4983-8, von T. Pochert,
416 S., geb.
DM 49,90

Foto/Video

Moderne Fotopraxis
7310-0, von G. Koshofer,
Prof. H. Wedewardt,
240 S., geb.
DM 49,90

Zeichnen und Malen

Kreativ zeichnen
4688-X, von B. Bagnall,
176 S., geb.
DM 39,90

Aquarellmalerei
4529-8, von Prof. W. Wrisch,
136 S., geb.
DM 39,90

Kalligraphie
1044-3, von I. Schade,
80 S., kart.
DM 19,90

Airbrush
1133-4, von C. M. Mette,
80 S., kart.
DM 19,90

Seidenmalerei

Lexikon der Seidenmalerei
4737-1, von K. Huber,
208 S., geb.
DM 49,90

Aquarellieren auf Seide
4842-4, von Shahida,
112 S., geb.
DM 39,90

Einführung in die Seidenmalerei
0611-X, von R. Henge,
88 S., kart.
DM 19,90

Malen auf Seide
4941-2, von C. Köhl,
Shahida, 112 S., geb.
DM 29,90

Verschiedene Techniken

Alles aus Wellpappe
1430-9, von I. Kasperek,
64 S., kart.
DM 19,90

Landhausstil
7332-1, 128 S., geb.
DM 34,90

Artischockentechnik
1682-4, von M. von
Perbandt, K. Teuber,
64 S., kart.
DM 19,90

Patchwork und Quilt
4803-3, von I. Kahmann
u.a., 112 S., geb.
DM 29,90

Nähen
4709-6, von S. von Rudzinski,
176 S., geb.
DM 39,90

Perfekt Stricken
4821-1, von H. Jaacks,
224 S., geb.
DM 39,90

Töpfern ohne Scheibe
0896-1, von A. Riedinger,
80 S., kart.
DM 19,90

Dekorieren und Gestalten mit Naturmaterialien
4748-7, von E. Dommers-
hausen u.a., 128 S., geb.
DM 29,90

Stempeln
1823-1, von E. Metz,
P. Läpple, 80 S., kart.
DM 19,90

Freundschaftsbänder
1720-0, von A. Neeb,
E. Walch u.a., 64 S., kart.
DM 19,90

Bücher, Alben, Schachteln selbermachen
4772-X, von P. Baumgartner,
96 S., geb.
DM 29,90

Geldgeschenke und Geschenkgutscheine
1684-0, von S. Haenitsch-
Weiß, 64 S., kart.
DM 19,90

Spiele/Denksport

Bridge für Einsteiger
1691-3, von B. Ludewig,
104 S., kart.
DM 16,90

Doppelkopf
1828-2, von U. Vohland,
96 S., kart.
DM 16,90

Kartenspiele
7333-X, von M. Mala,
176 S., geb.
DM 29,90

Backgammon für Einsteiger
1690-5, von M. B. Fischer,
E. Heyken, 104 S., kart.
DM 16,90

Patiencen
60020-2, von I. Wolter-Rosendorf, 112 S., kart.
DM 12,90

Poker
60225-6, von C. D. Grupp, 112 S., kart.
DM 12,90

Schach für Einsteiger
1724-3, von E. Heyken, 120 S., kart.
DM 19,90

Spielideen für Partys
1725-1, von E. und H. Bücken, 88 S., kart.
DM 16,90

111 Spielideen, das Gedächtnis zu trainieren
1829-0, von T. Werneck, 96 S., kart.
DM 16,90

Knobeleien und Denksportaufgaben
60099-7, von K. Rechberger, 100 S., kart.
DM 12,90

Ratgeber für Kinder

FALKEN Reihe: Ratgeber für Kinder
Ausstattung: zwischen 48 S., und 64 S., geb.
Preis: **DM 19,90**
4897-1 Mein Mutmachbuch
4898-X Mein Krankenhausbuch
4896-3 Mein erstes Pferdebuch

7337-2 Mein erstes Reitbuch
4991-9 Mein Kochbuch
4990-0 Mein Ballettbuch
4900-5 Mein Fußballbuch
4938-2 Mein Fahrradbuch
7335-6 Mein erstes Inline-Skating-Buch
4894-7 Mein Katzenbuch
4939-0 Mein Hundebuch
4993-5 Mein Hamsterbuch
7324-0 Mein Wellensittichbuch
7338-0 Mein Meerschweinchenbuch
4992-7 Wenn meine Eltern sich trennen

Kinderbeschäftigung

Das neue Bastelbuch für Kinder
4893-9, von U. Barff, I. Burkhardt, J. Maier, 208 S., geb.
DM 39,90

Basteln mit Pappe und Papier
4843-2, Hrsg.: U. Barff, 112 S., geb.
DM 29,90

Schminken und Verkleiden
4773-8, von W. Stelzenhammer, Hrsg.: U. Barff, 128 S., geb.
DM 29,90

Spielen mit einfachen Sachen
4994-3, von A.-G. Patz, D. Patz, 112 S., geb.
DM 29,90

Tanz-, Kreis- und Bewegungsspiele
7343-7, von A.-G. und D. Patz, 112 S., geb.
DM 29,90

Spiele für Kleinkinder
60022-9, von D. Kellermann, 104 S., kart.
DM 12,90

Kinderleichte Kochrezepte für kleine Leute
4850-5, von K. Müller-Urban, 128 S., geb.
DM 19,90

Garten

Die große FALKEN Gartenschule
7354-2, von J. Breschke u. a., 560 S., geb., mit Schutzumschlag
DM 79,90

FALKEN Gartenjahr
7355-0, von K. Greiner, A. Weber, P. Michaeli-Achmühle, 320 S., geb.
DM 39,90

100 englische Gärten
4885-8, von P. Taylor, 216 S., geb., mit Schutzumschlag
DM 79,–

Bauerngärten
4786-X, von U. Krüger, 128 S., geb.
DM 39,90

Naturgärten
4967-6, von J. Korz, 240 S., geb.
DM 69,90

Gartengestaltung mit Phantasie
7318-6, von K. Greiner, Dr. A. Weber, 208 S., geb., mit Schutzumschlag
DM 79,90

Blumen, Stauden, Ziergehölze
4753-3, von K. Greiner, Dr. A. Weber, 384 S., geb.
DM 69,90

FALKEN Lexikon Gartenteich
4778-9, von I. Polaschek, A. Fischer-Nagel, 216 S., geb.
DM 49,90

Grüner wohnen
4886-6, von U. Krüger, 144 S., geb., mit Schutzumschlag
DM 49,90

Tiere

Katzen auf natürliche Weise heilen
7314-3, von Dr. med. vet. C. Möller, 128 S., geb.
DM 29,90

Richtige Katzenernährung
1869-X, von H. Wenzel, 96 S., kart.
DM 16,90

Wellensittiche
1813-4 von H. Bielfeld 96 S., kart.
DM 16,90

Alles über Kanarienvögel
0901-1, von H. Schnoor, 64 S., kart.
DM 14,90

Zwergkaninchen
1680-8, von M. Mettler, 96 S., kart.
DM 16,90

Zwerg- und Goldhamster
1734-0, von M. Mettler, 96 S., kart.
DM 16,90

Meerschweinchen
1812-6, von M. Mettler, 96 S., kart.
DM 16,90

Das Süßwasseraquarium
4752-5, von Dr. med. vet. J. Etscheidt, 224 S., geb.
DM 49,90

Terrarium
7313-5, von W. Ullrich, 128 S., geb.
DM 29,90

FALKEN Reihe: Hundebibliothek
Ausstattung: zwischen 80 S. und 112 S., kartoniert
Preis: zwischen **DM 14,90** und **DM 19,90**

TIERE · REISEVIDEO

1757-X Dalmatiner
1756-1 Dackel
1677-8 Labrador, Retriever
1644-1 Neufundländer und Landseer
1596-8 Boxer
1513-5 Schäferhunde
1514-3 West Highland White Terrier
1808-8 Setter
1866-5 Siberian Husky
1809-6 Hovawart
1990-4 Tibet Terrier
1811-8 Foxterrier
1512-7 Streuner und Tierheimhunde
1604-2 Hundekrankheiten erkennen und behandeln
1991-2 Mit dem Hund in den Urlaub
1810-X Rechtsratgeber für Hundehalter

Das neue Hundebuch
60079-2, von W. Busak,
124 S., kart.
DM 14,90

Erfolgreiche Hundeerziehung
4808-4, von U. Birr,
144 S., geb.
DM 29,90

Reisevideo

FALKEN Reihe: Reisevideos
Ausstattung: VHS, ca. 60 Min. Laufzeit, in Farbe
Preis: **DM 39,95***

FALKEN hat Reisevideos zu über 70 Urlaubszielen in aller Welt von **A** bis **Z**

6249-4 Amsterdam

6226-5 Neuseeland

6206-0 Zypern

ISBN-Bestandteil: 3-8068- / bei Buchnummern, die mit der Ziffer 6 beginnen, lautet der ISBN-Bestandteil: 3-635

BESTELLSCHEIN

Hiermit bestelle ich aus dem Programm der Verlagsgruppe FALKEN, Postfach 11 20, D-65521 Niedernhausen, **durch die Buchhandlung:**

Falls durch besondere Umstände Preisänderungen notwendig werden, erfolgt Auftragserledigung zu dem bei der Lieferung gültigen Preis.
(Soweit gesetzlich nicht anders vorgesehen, ist der Erfüllungsort und Gerichtsstand der jeweilige Sitz der Lieferfirma).

Anzahl	Bestell-Nr.:	Titel	Einzelpreis	Gesamtpreis
			Summe	

zzgl. Porto- und Versandkosten

Name: Straße:

Ort:

Datum: Unterschrift:

(Bei Jugendlichen der gesetzliche Vertreter)

FTB-VV F '98

Werbemittel-Nr. 99143

FALKEN

Der Spezialist für nützliche Bücher und Videos